JN046966

相続は
ディナー
のように

“相続ソムリエ”が
ゼロからやさしく教えてくれる
優雅な生前対策の始め方

相続ソムリエ®
北井雄大

発行・日刊現代／発売・講談社

はじめに

ここは、とある住宅街にある隠れ家フレンチレストラン、エリタージュ。一見普通のレストランだが、実は知る人ぞ知るスペシャルサービスを提供するお店だ。今日もまた、悩める一家がエリタージュに足を踏み入れる——

桜　おばあちゃん、久しぶり!

小百合　桜ちゃん、久しぶりね。元気そうでうれしいわ。

春樹　母さん、誕生日おめでとう。

小百合　ありがとう。今日は、私がお店を指定させてもらったわ。

綾子　お義母さん、お誕生日おめでとうございます。素敵なお店ですね。

潤一郎　ワシらも初めて来たんだよ。近くにこんな店があったなんてな。

小百合　そうなのよ。ご近所さんにおすすめしてもらって。その方もお誕生日祝いで来て、とってもいい体験ができたらしいの。よくわからないけど、家族と行くならこのお店しかないって、予約までしてくれたのよ。親切でしょう。

桜　(家族と行くならこのお店しかない？　予約までしてくれて？　いったいどういう意味なんだろう……)

ウェイター　いらっしゃいませ。本日はお誕生日パーティーとのこと、そのようなおめでたい日に、私どものレストランを選んでくださってありがとうございます。

小百合　こちらこそ、ありがとうございます……。あらっ、**壁に〝相続ソムリエ、あります〟という貼り紙があるけど、相続ソムリエって何かしら？**

ウェイター　実は当店、「相続ソムリエ」という、相続のプロフェッショナルと提携しておりまして。

桜　相続ソムリエ!?

ウェイター　はい。相続ソムリエの正体は、相続を専門としている税理士なんです。
相続って、みなさんご存じですか?

桜　私はよくわからないな。聞いたことはあるけど。

綾子　桜はまだ若いからね。相続って、誰かが亡くなったとき、その方の財産を家族が引き継ぐことじゃないかしら?

ウェイター　その通りです。相続は、誰かが亡くなったときに発生するもの。でも、**生前のうちに準備をしておかないと、想像もしていなかったようなトラブルに発展して、家族がバラバラになってしまうことさえある**んですよ。

小百合　想像もしていなかったようなトラブルに……!

潤一郎　家族がバラバラに……!

ウェイター　ご紹介いただいた方から、本日のコースは相続ソムリエのコンサルティング付き、相続スペシャルコースでと承っておりますが、相続ソムリエをお連れしてもよろしいですか？　決して後悔はさせません。

潤一郎　よくわからないが、お願いしようか。

小百合　そうねえ。そろそろ相続のことを考えておいたほうがいいわねって話してたものね。

ウェイター　かしこまりました。北井さん、こちらへ。

相続ソムリエ　ようこそレストラン・エリタージュへ。私、相続ソムリエの北井と申します。これまで、税理士として10年以上、全部で数百件の相続をお手伝いしてきました。よろしければ本日のディナーコースとともに、相続の知識や手順をお伝えさせていただければと存じます。

春樹　ぜひ、よろしくお願いします。

相続ソムリエ　ありがとうございます。それでは相続スペシャルコースを始めましょう。まずはオードブル、前菜からお持ちします。

相続の心がまえと基礎知識のこと　13

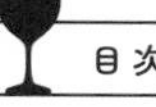

2 スープ
土地等財産評価のこと　63

3 ポワソン（魚料理）

生前対策のこと 89

4 ソルベ（口直し）

税務調査のこと 117

ヴィヤンド（肉料理）遺言書・贈与のこと 133

デセール（デザート）

幸せな相続を実現するために

※本書で取り上げている税制や法律は、原則として2023年11月時点のものに基づいています

登場人物

小百合

76歳。潤一郎の妻

潤一郎

80歳。春樹の父親

綾子

50歳。春樹の妻

春樹

52歳。潤一郎・小百合の長男。
妹が1人いる

桜

23歳。春樹・綾子の娘。
潤一郎・小百合の孫

相続ソムリエ

レストラン・エリタージュと提携し、
悩める家族に相続のアドバイスを贈る、
相続のプロフェッショナル

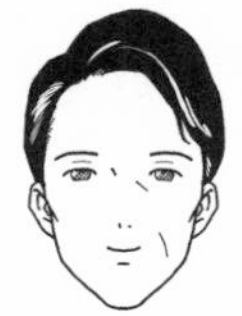

カバー・本文イラスト　有賀照人

オードブル
（前菜）

相続の心がまえと基礎知識のこと

オードブルは、フランス料理のコースにおいて、
前菜として提供されるものです。
続く料理の味を最大限に楽しむために、
食欲を増す効果のある塩分や酸味が強い料理が出されます。
第1章では、相続対策を考える前に
知っておきたい基本知識について紹介します

わあ素敵！
きれいだしおいしそうだわ！
どれからいただくか迷ってしまいますね

おいしい料理を食べながらだと難しそうな話もおいしく飲み込めそうだな

相続は〝アレンジ〟が命

相続ソムリエ　私はこれまでに数多くの相続手続きをお手伝いしてきましたが、財産を残す人（被相続人）と受け取る人（相続人）の関係性は千差万別です。一つとして同じパターンはありません。

よって、**相続手続きの基本的な手順は決まっているものの、一様に手続きを進めることはできません**。被相続人と相続人の関係性や状況を考慮しながらアレンジする必要があるのです。

潤一郎　なるほど。本に書いてあることや、他の人の相続対策をそのまま真似することはできないんですね。

相続ソムリエ　その通りです。だからこそ、被相続人が元気な間に、財産をどう残したいのか、誰に受け取ってほしいのかを考え、最適な対策を講じなければなりません。

小百合　それでも、相続について考えたり、話し合ったりする機会ってなかなかないわよね……。

相続ソムリエ　おっしゃる通り、生前対策を前向きに考える被相続人は多くありません。私の感覚では10人に9人は、生前対策に消極的です。おそらく、自分が亡くなるときのことを想像したくないからでしょう。その気持ちは理解できますが、生前対策をしないまま相続が発生すると大変なことになってしまいます。多額の相続税が発生したり、あるいは遺産分割で相続人が揉めてしまったり……。

小百合　こわいわ。もしあなたが亡くなったら私はどうなるのかしら。

潤一郎　そうだな。もしものことがあっても、小百合が困らないようにしておきたいものだ。

相続ソムリエ　一例として、旦那さまが亡くなり、奥さまとお子さんが相続人になった場合を想定してみましょう。

奥さまはその後の生活を考えて自宅を相続し、お子さんが金融資産を相続するケースが多くあります。しかし、金融資産が限られていると、奥さまは預貯金などをほとんど相続できません。住む場所は確保できても、生活費に不安が生じてしまうのです。

かといって、奥さまが高齢だと、働いて生活費を稼ぐのは現実的ではありません。そんな奥さまの生活を守るため、2020年4月に「配偶者居住権」が創設されました。

桜　なんだか難しそう……。

相続ソムリエ　制度は次々に更新されますし、新しい制度がすべてのケースに有効であるとは限りませんから、個々のケースに応じて、さまざまな制度がある中で最適なプランニングをしなければなりません。ですから私たちのような相続専門の税理士が必要なのです。

桜　食事とワインのペアリングみたいね！

相続ソムリエ　おっしゃる通りです。**相続における税理士の役割は、料理に合わせて最**

適なワインをペアリングする、ソムリエの仕事に似ている。 そう考えて、私は相続ソムリエを名乗り始めました。

相続の基本的なルールは変わりませんが、個々のケースに応じた最適なプランニングは、相続を知り尽くした税理士にしかできません。たとえば、相続税を節税できる制度もいくつかありますが、被相続人と相続人との関係、あるいは資産状況によっては、制度を利用する必要がないケースもあります。特に新しい制度の場合、それを利用することが円満な相続につながるかどうかは、判断が難しいもの。やはり、多くの事例を知り尽くした専門家のアドバイスが欠かせません。

綾子　なるほど、相続ソムリエさんという肩書きの由来がよくわかりました。

相続ソムリエ　私自身、「相続ソムリエ」としてさまざまな方の相続対策をお手伝いしていますが、税理士法人を立ち上げる前は、会計の専門学校で12年ほど日商簿記1級の講師をしていました。簿記には難解な専門用語が数多く登場します。いかにわかりやすく伝えるかを考えるのが講師の務めです。

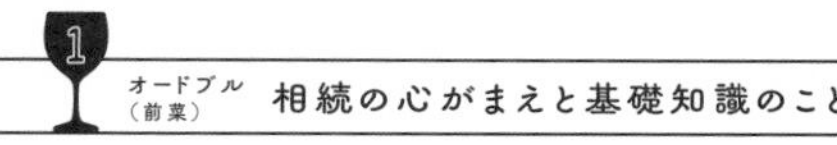

小百合　難しい講座の先生をしていた相続ソムリエさんなら、相続の話もわかりやすく教えてくれそうで安心だわ。

相続ソムリエ　恐縮です。これから初めて相続を経験する方に向けて「知っておくべきこと」を伝える能力は、他の税理士には負けないという自負があります。

潤一郎　それは心強い！　相続って、財産に関わる話で、誰に相談すればいいのかわからないからな。

春樹　そもそも税理士さんが相続のプロだなんて知らなかった。面倒ごとの相談なら弁護士だと思ってたよ。

小百合　友人の娘さんが、とっても優秀な成績で税理士の国家試験をパスしたらしいのよ。その方もやっぱり相続に詳しいのかしら？

相続ソムリエ　そこが難しいところです。**実は「優秀な専門家＝優秀なアドバイザー」とは限らないのです**。制度の中身をどんなに詳しく知っていても、最適なペアリングができなければ、お客さまにとってベストな結果を導くことはできません。

綾子　うちの家族に合わせたアドバイスをしていただけるなんて、うれしいわ。とはいえ、まずは相続の本を読んで知識をつけてから相談したほうがいいのかしら？

相続ソムリエ　実は相続対策の書籍には、遺産分割や節税のノウハウだけを列挙したものも少なくありません。しかし、そうしたノウハウを勉強する前に、**「どんな考え方で相続に臨むべきか」という「相続の心がまえ」**を把握しておくべきなのです。

桜　相続の心がまえ……？

相続ソムリエ　ご心配なく。私どもにご相談いただいたお客さまにはわかりやすくレクチャーいたします。今夜のコースでも、具体的なノウハウに入る前に、相続の心がまえをお伝えしましょう。

「お金のことは聞きにくい」という遠慮はトラブルのもと

相続ソムリエ　将来発生するであろう相続に対して、漠然とした不安を抱えている相続人の方々。そうした人たちの共通点はなんだと思われますか？

桜　なんだろ……。相続の知識がないこと？

相続ソムリエ　もちろんそれもありますが、大きな共通点は**「親の保有している財産を把握していないこと」**です。「うちの親父はそれなりに財産を持っていそうだけれど、どのくらい持っているか教えてくれない」――私はそんな悩みをよく耳にします。

春樹　たしかに、父さんの財産がどのくらいかは知らないな。

潤一郎　そういう話をしたことはないかもしれないな……。

小百合

気持ちはわかるわ。**お金の話って親からは言いにくいし、子どものほうからも聞きにくいわよね。**しかも親が死んだ後のことなんて、かなりデリケートよ。

相続ソムリエ

小百合さんのおっしゃる通りです。お子さんから親御さんに財産の話を切り出すのは簡単なことではありません。

でも、**財産の額を把握しないことには相続対策ができません**よね。そこで思い切って聞いてみたところ、親御さんが「お前は俺の財産を狙っているのか！」「そろそろお迎えが来ると思っているの？」などと強烈な拒否反応を示し、教えてくれない、なんてお話もよく聞きます。

綾子

まだ元気なのに、相続の話を切り出されたら、いい気分じゃないかもしれませんね……。

相続ソムリエ

結局、何も教えてもらえないまま親御さんが亡くなられ、ふたを開けてみたら、自宅以外にマンションや土地を保有していた……というケースも少なくないのです。

桜　そうすると、何が起こるんですか？

相続ソムリエ　**思いがけない財産が出てきて、その分の相続税を支払えないことがある**んですよ。2億円の納税が必要になるけれど、手持ちの現金が全然足りず、困ってしまったり……。

綾子　資産家の方だと、お子さんがすべての財産を把握できていないケースも多そうですね。

相続ソムリエ　おっしゃる通りです。日本の資産家の場合、財産が不動産に偏っていて、多額の相続税が発生することも。その分の納税資金を準備するのは大変なんですよ。

桜　資産家には資産家の苦労があるんだなぁ……。

相続ソムリエ　**相続税の申告・納税は相続が発生してから10カ月以内に行わなければなりません**。残された家族はかなりバタバタと、申告・納税のための相談や手続きを進めることになります。

春樹　えっ、たった10カ月しかないんですか!?

綾子　10カ月の間に何をすればいいのかしら。全然わからないから、不安だわ。

相続ソムリエ　そうでしょうね。やるべきこと、必要な書類、スケジュール……何も知識がなければ、不安ばかりが募るはずです。

潤一郎　不動産を売却して納税資金をつくるにしても、時間がかかりそうだ。

相続ソムリエ　どれを売ればいいのか、すぐに判断するのは難しいものです。たとえば、賃貸に出して家賃収入を得ている収益不動産を複数所有している場合、年間にどれだけの収入があり、コストはどれだけかかっているのかを把握できなければ、利回りを計算できません。利回りを比較できないと、物件Aと物件Bのどちらを売却すべきか判断できませんよね。

桜　それだけじゃなく、みんな「自分がどれくらい遺産をもらえるのか」が気になるんじゃない？

相続ソムリエ　桜さんのおっしゃる通りです。やはりみなさん、**最大の関心事は「自分がどのくらい受け取れるのか」、つまり遺産分割です**。レストランのコースで、前菜が出てくる前から「メインディッシュはなんだろう」とソワ

春樹

ソワするのと同じですね。
相続人が複数いる場合には、「自分の取り分はどのくらいか？」「親族と揉めるのではないか？」が気になるでしょう。相続は、一生のうちに何度も経験するものではありません。前回の学びや経験を生かすことができないので、わからないことだらけです。不安を抱えたまま、10カ月がすぐに過ぎていくでしょう。
働き盛りだったり、家事・育児・介護などで多忙だったりすれば、10カ月なんてあっという間ですよね……。専門家に相談するにしても、かなり急がないといけないな。

「顧問税理士がいるから大丈夫」は危険

相続ソムリエ

専門家の話でいえば、「相続を誰に相談するか」という点も重要です。被相続人ご本人が経営者だったり、賃貸不動産を所有していたりする場合には、顧問税理士がついていることが多いと思います。ご本人にしてみれば、「自分に何かあっても税理士が対応してくれるだろう」と考えているかもしれません。

ところが、医師に内科、外科、眼科、皮膚科……などの専門分野があるように、税理士にも専門分野があります。胃の調子が悪いときに眼科へ診察に行く人はいませんよね。税理士も同じです。**たとえ顧問税理士がいても、その人から相続に関する適切なアドバイスを受けられるとは限らない**のです。

小百合　税理士の資格をお持ちだからといって、なんでもかんでも相談できるわけではないのねぇ。

相続ソムリエ　法人や個人の申告業務に慣れている税理士は多くいますが、相続に詳しい税理士はほんの一握りです。

潤一郎　一握りって、どれくらいですか？

相続ソムリエ　**相続税の申告を年間1件以上担当する税理士は、全体の3割程度です。**言い換えれば、7割の税理士は1件も相続税の申告をしていないことになります。つまり、相続に関する経験値は低いですし、最新の制度についても理解していません。

春樹　先程、制度が次々に更新されていくというお話もありましたもんね。かなり頻繁に相続税の申告を経験されている方でないと、手続きであたふたしたり、相続税を節税できるお得な制度を活用できなかったりするかもしれないということか……。ちなみに相続ソムリエさんは、年間に何件ほど相続税の申告を担当されるんですか？

相続ソムリエ　相談を含めて年間50件ほど対応させていただいております。

桜　へえ！　相続ソムリエさんってすごい人なんですね。

納税額は税理士の腕しだい!?

桜　やっぱり、スゴ腕の税理士さんに相談したほうがお得なんですか？　つまり、相続税を節約できるのかっていうことですけど……。

相続ソムリエ　相続税の申告においては、不動産の評価を避けて通ることができないのですが、**不動産に詳しくない税理士が申告をすると、納税額が高額になってしまうことがあります**。

桜　どうしてそんなことが？　誰がやっても同じ結果になるのが理想だと思うんですけど……。

相続ソムリエ　たとえば申告後であっても、原則、一定期間内に限り、再計算をして当初よりも相続税額が安くなった場合には、差額を還付してもらうことができます。一方で、相続税を低く見積もりすぎると、追加で徴税されることも。**相続税に明るくない税理士さんは、これを恐れて、高めに申告することがある**んです。

綾子　なるほど！　追加で徴税になると、クレームに発展したり、税理士さんの評判が下がってしまったりしそうですものね。

相続ソムリエ　私どものお客さまの中には、別の税理士に申告を依頼したものの、「相続税が高すぎたのではないか」と疑問を持って、申告・納税後に相談に来られるケースもあります。**ある事例では、最初の申告で2億円の納税をしていましたが、私どもで不動産の評価をし直すと、相続税額が5000万円になりました。**

桜　えっ⁉　本来の4倍の税金を支払っていたの？

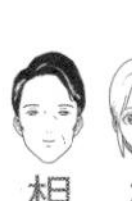

相続ソムリエ　はい。このケースでは、申告し直すことによって1億5000万円を取

り戻せましたが、払いすぎに気づかないままのケースも少なくないでしょう。

小百合　専門外の税理士さんに依頼すると、損をしてしまうことがあるのね。

相続対策で最も大事なのはコミュニケーション

相続ソムリエ　相続対策で欠かせないのは、被相続人・相続人間のコミュニケーションです。たとえば、**被相続人が遺言書を書くときには、相続人を集めて「こんな内容の遺言書を書くよ」と周知しておくといい**でしょう。

春樹　知り合いに「親が亡くなってはじめて、遺言書があることを知って驚いた」という人がいたな……。

相続ソムリエ　なかには、遺言書の存在すら知らされていない方もいらっしゃいます。

綾子　遺言書が必要なのは、どういう人なんでしょうか？

相続ソムリエ　多いのは、**相続人の間で財産が均等に配分されないケース**です。平等に相続させるのであれば、遺言書がなくても、法定相続分に従って遺産分割をすればいいわけです。遺言書を用意するのは、特定の相続人に多くの財産を渡したいと考えている場合ですね。

潤一郎　なるほど。特定の相続人に多くの財産を残すケースがあるんだな……。

相続ソムリエ　典型的なのは、相続人のうちの一人が家業を承継するケースです。3人兄弟のうち、次男が親の会社を引き継ぐ場合、経営を安定させるには次男が会社の株式を相続する必要があります。

オーナー経営者の場合、会社の株式が相続財産の多くを占めることも少なくありません。自社株式を次男に相続させるのであれば、親から長男・三男にも話をしておく必要がありますよね。そうでないと、**いざ相続というタイミングになって「不平等だ！」と怒り出すかもしれません**から。

たとえば、父親が子どもたちを集めて、「廃業すれば数十人の社員が路頭に迷ってしまう。それを避けるには次男に会社を引き継いでもらわなければならない。だから、こんな内容の遺言書を書く」と説明しておくわけです。

綾子　相続人を集めて事前に遺言書の内容を告知するなら、遺言書なんて必要ないんじゃないかしら？

相続ソムリエ　いえいえ、とんでもありません。**遺言書の形にしたうえで、生前のうちに言葉で伝えることが大事**です。相続人の配偶者が「どうしてうちは相続財産が少ないんだ」「もっともらっていいはず」など口を出して、相続人の意思が変わってしまうこともありますからね。

小百合　遺言書があったら、絶対にその通りに遺産を分けないといけないんですか？　たとえば、次男に１００％相続して、長男と三男には何も残さない、なんてこともあり得るのかしら？

相続ソムリエ　いい質問ですね。実際には、**遺言書の通りに遺産分割をしなければなら**

ないわけではありません。相続人が話し合ったうえで全員が合意すれば、遺言書とは違う形で遺産分割してもいいですよ。**遺言書より全相続人の合意のほうが優先されます。**

桜　じゃあ、合意しなかったら？

相続ソムリエ　1人でも反対する人がいれば、基本的には遺言書通りの分割になります。どうしても合意できない場合は、遺留分の侵害を主張できます。

綾子　イリュウブン……？

相続ソムリエ　遺留分とは、相続財産の一定分を相続する権利のことです。たとえば妻と息子、娘がいる被相続人が「財産はすべて娘に相続させる」という遺言書を残したとしましょう。この遺言書に従うとどうなりますか？

綾子　2人とも、いい気持ちはしないと思います。もしかすると、生活に困ってしまうかもしれませんね。

相続ソムリエ　その通りです。そんなときに「遺留分」を請求すれば、妻と息子は一定の財産を相続できるのです。

相続の基礎知識①
そもそも相続税って？

相続ソムリエ　相続の心がまえを把握していただいたところで、相続の基礎知識をお伝えしていきましょう。まずは「相続とは何なのか」。相続とは、**誰かが亡くなったとき、その人が持っていた財産と債務、すべての権利、義務を受け継ぐこと**を指します。

桜　財産はわかるけど……。権利や義務ってどういうものですか？

相続ソムリエ　権利としては、特許権や著作権などがあります。ただし、権利の中でも特定の人に帰属するものは相続されないことになっています。生活保護受給権や扶養請求権などがその例ですね。
義務にあたるのは、借金返済の義務や損害賠償の義務など。**亡くなった**

方が誰かの借金などの保証人になっていたとしたら、保証人としての立場も相続されます。

綾子　本当に、多くのものが相続されるんですね。やっぱり、プロに頼んだほうがよさそう……。

相続ソムリエ　おっしゃる通りです。**手続きが正確になされず、財産の権利が宙ぶらりんになってしまう**、なんてこともありますからね。

春樹　せっかく被相続人が築いてくれた財産があったとしても、それでは意味がないな……。

潤一郎　自分の財産が無駄になると考えると、悲しくなるなぁ。

相続ソムリエ　特に被相続人が会社経営者である場合には、きちんと手続きをしておかないと、従業員や取引先に迷惑がかかってしまうこともあります。だからこそ、生前にしっかり考えておかなければなりません。

相続の基礎知識②相続税の納付期限

相続ソムリエ　ここで、相続税の納付期限についてお話ししましょう。まず大前提として、相続は被相続人が亡くなった時点で開始となります。

綾子　亡くなった時点？　お葬式の日ですか？

相続ソムリエ　いえいえ、文字通り、**医師から死亡宣告を受けた瞬間です。その瞬間に、被相続人の財産は相続人の共有財産**となります。

潤一郎　では、相続税の申告・納付期限は、亡くなった日から10カ月？

相続ソムリエ　相続税発生の起点となるのは「相続人が被相続人の死亡を知った日の翌日」です。つまり、**相続税の申告・納付期限は、相続人が被相続人の死亡を知った日の翌日から10カ月以内**となります。

小百合　「相続人が被相続人の死亡を知った日の翌日」から10カ月以内に、何を

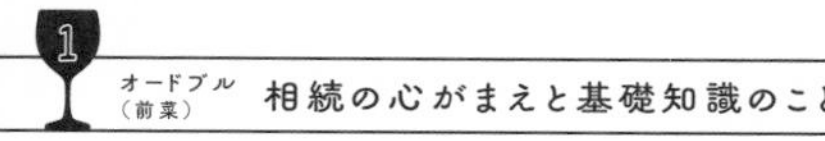

しないといけないのかしら？

相続ソムリエ　相続税の申告と納付相続人全員が同意して相続財産の分割を完了させ、相続税の申告と納付を済ませる必要があります。

桜　もし期限が守れなかったら、何が起こるんですか？　まさか罰金とか？

相続ソムリエ　**申告に遅れると一定の「延滞税」というペナルティが課される**ことになります。延滞税の税率は、原則として納付期限の翌日から2カ月を経過する日までは年7・3％、納付期限の翌日から2カ月を経過した日以後は年14・6％です。

桜　そんなにかかるの！　延滞税だけでもすごい金額になりそう……。

相続ソムリエ　うっかり期限を過ぎてしまった場合は、決して放置せず、速やかに申告をしましょう。**税務署から指摘が入ると、よりペナルティの額が大きくなります**。なお、**相続税は現金一括払いが原則**です。預貯金が多い場合は心配ありませんが、財産の多くが不動産や株式である場合には、注意が必要ですね。

春樹 期限内に申告・納税できるように、早いうちから親族で相続の話をしておいたほうがよさそうだな。ペナルティを課されてしまっては、いくら節税を頑張っても意味がない。

相続の基礎知識③ 相続人・被相続人と法定相続分

桜 あの……。さっきから何度か出てくる「相続人」「被相続人」って？

相続ソムリエ **「被相続人」は亡くなった人、「相続人」は財産を相続する権利がある人**のことです。

小百合 先程、心がまえのところで「法定相続分」という言葉が出てきましたが、どういう意味なのでしょう？

相続ソムリエ　**法定相続分とは、法律で決められた相続分のこと**です。そして法定相続人とは、法律で定められた相続人のこと。**法定相続人には優先順位があり**、親族構成によって、それぞれの権利が変わってきます。

桜　「相続人」と「法定相続人」は違うんですか？

相続ソムリエ　相続人は、実際に財産を相続する人。法定相続人は、相続する権利を持つ人です。厳密にはイコールではありません。

春樹　法定相続人は相続放棄することもできますもんね。

桜　あまり考えたくないけど、おじいちゃんが亡くなったら、誰が法定相続人になるんですか？

相続ソムリエ　潤一郎さんが亡くなった場合、法定相続人となるのは、配偶者の小百合さんと、お子さんである春樹さんです。**最も優先順位が高いのは配偶者**、つまり小百合さん。その次が子・孫・ひ孫。さらにその次が、父母、祖父母、最後に潤一郎さんの兄弟姉妹の順となります。

潤一郎　それなら、法定相続人は小百合と春樹、それに春樹の妹で計3人だ。

相続ソムリエ　かしこまりました。適切な人に財産が行き渡るよう、上位の人から相続権を持つようになっているんですよ。

たとえば、**配偶者と子がいる場合は、配偶者が2分の1を相続し、子が残りの2分の1**。お子さんが複数人いる場合は、財産の2分の1を、子ども全員で分けるイメージです。だから、潤一郎さんが亡くなったとき、小百合さんがご存命なら、小百合さんが半分を。残りの半分を、春樹さんと妹さんで均等に分けることとなります。

春樹　配偶者が既に亡くなっている場合はどうなるんですか？

相続ソムリエ　配偶者が亡くなっている場合は、子がすべてを相続します。

潤一郎　なるほど。遺言書のところで聞いた話がさらによく理解できたぞ。誰にどれだけ相続させるのかを決める際、最初に勘案されるのは被相続人、つまり亡くなった人の意思でしたね。次に強いのが、相続人の意思。**遺言書がなかったり、話し合いがまとまらなかったりした場合には、法定相続分に従う**ということか。

「法定相続人」と「法定相続分」とは？

法定相続人	法定相続分
①配偶者＋子	配偶者(1/2)　子(1/2) ※配偶者が既に死亡している場合には、子がすべて相続する
②配偶者＋父母	配偶者(2/3)　父母(1/3) ※配偶者が既に死亡している場合には、父母がすべて相続する
③配偶者＋兄弟姉妹	配偶者(3/4)　兄弟姉妹(1/4) ※配偶者が既に死亡している場合には、兄弟姉妹がすべて相続する

※死亡した人の配偶者は常に法定相続人となり、それ以外の人は上記の順序で法定相続人となる

小百合　最初から、法定相続分にしたがって分けるわけじゃないのね。

相続ソムリエ　その通りです。ここが難しくて、誤解されている方も多いんですよ。

相続の基礎知識④相続税の計算方法

潤一郎　今の時点で、相続税がどのくらいの金額になるかを知りたいんですが、計算する方法はありますか？　あらかじめ相続税のための資金を準備しておければと思うんですが……。

相続ソムリエ　相続税の額を考える際には、相続財産から差し引かれる**「基礎控除」**という金額が重要です。基礎控除の計算式は、**3000万円＋（600万円×法定相続人の人数）**となります。この式から、相続財産が3600万円以下の場合は、相続税の対象とはなりません。

潤一郎

なるほど。私の場合は、妻と、春樹と、春樹の妹が法定相続人になるから……。3000万円＋（600万円×3）＝4800万円が基礎控除額ということかな。財産が4800万円以上になると、相続税が発生するということになるな。

相続ソムリエ

その通りです。例を挙げながら計算してみましょう。潤一郎さん名義の財産の評価額が、それぞれ次の通りだったとします。

- **自宅の評価額：1000万円**
- **預貯金：5000万円**
- **金融資産（株式など）：3800万円**

すると、相続財産は合計9800万円ですね。この額から先程算出した基礎控除額4800万円を差し引くと、5000万円になります。この5000万円に相続税が課税されるのです。

次に、５０００万円を奥さまの小百合さんとお子さんの春樹さん、そして春樹さんの妹さんで法定相続分通りに分けたとして、相続税の金額を計算してみましょう。

小百合　法定相続分通りとすると、妻である私は５０００万円の2分の1、つまり２５００万円が相続財産になるのね。２５００万円×税率15％－50万円（控除額）＝３２５万円が相続税の金額かしら？

相続ソムリエ　正解です。２人のお子さんは、５０００万円×4分の１＝１２５０万円が相続財産になりますから、１２５０万円×15％－50万円（控除額）＝１３７・５万円を相続税として支払います。

春樹　父さんの財産が総額９８００万円だとしたら、母さんの支払う相続税が３２５万円で、僕と妹が１３７・５万円ずつ！　けっこうな金額になるんだなあ。

小百合　預貯金が５０００万円あればひとまず大丈夫だけど、心づもりが必要ね。

相続ソムリエ　なお、潤一郎さんには兄弟姉妹がいらっしゃらないとのことですが、相

相続税の速算表

課税価格	税率	控除額
1000万円以下	10%	-
3000万円以下	15%	50万円
5000万円以下	20%	200万円
1億円以下	30%	700万円
2億円以下	40%	1,700万円
3億円以下	45%	2,700万円
6億円以下	50%	4,200万円
6億円超	55%	7,200万円

続人と被相続人の関係によって相続税額は違ってきます。**相続人が配偶者と子、両親、代襲相続する孫以外の場合、相続税は2割、加算されます。**２割加算されないのは、被相続人との関わりがかなり強いと想定される身内だけなんです。それ以外の方は遺産に頼らなくても生きていけ

るはずだと見なされるためです。

桜　ダイシュウソウゾクって？

相続ソムリエ　本来は相続人となる人が相続発生時、既に亡くなっていたとき発生する相続の形で、被相続人のお孫さん、甥・姪が相続人になることをいいます。

潤一郎　亡くなった人と財産を相続した人の関係性にも注意が必要なんだな。

相続の基礎知識⑤特別受益

相続ソムリエ　ところでみなさん、**「特別受益」**はご存じですか？　**被相続人の生前に特定の相続人だけが被相続人から受けた利益のこと**です。これがしばしば、親族のトラブルの種になるんですよ。

春樹　特定の相続人だけが被相続人から受けた利益、というと……？

相続ソムリエ　**留学費用や車の購入資金、事業を始めるときの援助**が、その一例です。

春樹　なるほど！「自分は何ももらってないのに、妹だけ留学費用を出してもらっていた。それなのに相続財産が同じ額なんてずるい」といったことですか？

相続ソムリエ　その通りです。親が亡くなると、兄弟姉妹の間で「生前にしてもらったこと」に対する相続人同士の認識の違いがトラブルの種になりがちです。

綾子　生前の援助分を考慮して、公平に分割してほしいと思うのは当然よね。

相続ソムリエ　特別受益は、そういった事情を勘案するための制度です。**遺産相続では、特別受益額をいったん相続財産に戻して、具体的な相続分を計算**します。

小百合　どんなものが特別受益にあたるのかしら？　春樹にはいろいろな援助をしてきたわよね。それが全部特別受益になるの？

相続ソムリエ　いえいえ。**特別受益にあたるのは、受け取った人が相続人であり、その相続人にとって特別な利益につながるもの**に限られます。その上で**「遺**

贈を受けた」「結婚や養子縁組のために財産を贈与された」「家の購入費用など、生計のために贈与を受けた」などが特別受益だとみなされます。

潤一郎　「遺贈」とは、遺言書により無償で財産を譲ることです。

生活費は特別受益にならないんですか？　春樹が若い頃は、ずいぶん生活費を援助してやったものだが。

相続ソムリエ　生活費は特別受益に含まれません。親による扶養義務とみなされます。

春樹　なるほど。先程「特別受益額をいったん相続財産に戻して、具体的な相続分を計算する」とおっしゃいましたが、これはどういうことですか？

相続ソムリエ　具体例を挙げて説明しましょう。たとえば、被相続人Aさんの家族としています。相続財産は8000万円ですが、Aさんは生前、長男には住宅購入資金として1000万円を、次男には留学費用として500万円を贈与していました。「特別受益」を認めず、財産を法定相続分通りに分けると、妻の相続財産額は4000万円、長男と次男がそれぞれ2000万円ずつとなります。ここまではよろしいでしょうか？

春樹　配偶者が2分の1、残りの2分の1を子どもで分けるんですよね。理解できました。

相続ソムリエ　その通りです。**遺産分割協議で特別受益が認められれば、長男と次男が生前に受けた1000万円と500万円の贈与分をいったん相続財産に戻し、合算した相続財産9500万円を基本に分割の計算をします。**

春樹　つまり……奥さんは4750万円、長男は2375万円マイナス1000万円だから1375万円。次男は2375万円マイナス500万円で1875万円ということですね。

相続ソムリエ　正解です！　ただし、**被相続人が「贈与した財産を持ち戻し計算しなくていい」という意思表示をしていたり、相続人間で特別受益を考慮しないと同意があったりする場合などは、この計算は不要**です。

桜　遺言書とか……？

相続ソムリエ　はい。遺言書に書き残しておくのがおすすめです。

「特別受益」とは？

［A家の相続］

Aさんは生前、長男に住宅購入費として1,000万円を、次男に留学費用として500万円を贈与

特別受益がない場合（法定相続分通り）

相続財産　8,000万円
妻　4,000万円（8,000万円×1/2）
長男　2,000万円（8,000万円×1/4）
次男　2,000万円（8,000万円×1/4）

特別受益が認められた場合

特別受益者の相続額
＝（相続開始時の財産価格＋贈与額）×相続分ー贈与額

相続財産　9,500万円（8,000万円＋1,000万円＋500万円）
妻　4,750万円（9,500万円×1/2ー0円）
長男　1,375万円（9,500万円×1/4ー1,000万円）
次男　1,875万円（9,500万円×1/4ー500万円）

相続の基礎知識⑥寄与分

小百合　特別受益の逆の制度はないんですか？　親から子への支援ではなくて、子どもが親に貢献していた際に相続で優遇されるような……。

相続ソムリエ　小百合さん、鋭いですね。そうした貢献も、相続の際には考慮されます。被相続人の暮らしを支えたり、介護をしていたりした相続人については、**寄与分**という特別な権利が認められます。

綾子　そういえば友だちが、親御さんの介護をしていたから多めに財産を相続したって言ってたわ。

小百合　もし私が将来、綾子さんに介護をしてもらうことになったら、私の財産は綾子さんに多めに渡せるのね。そう聞くと、少し気持ちが楽になるわ。

相続ソムリエ　いえ、**特別受益と同様、寄与分が認められる相手は「民法上の相続人」**

に限られているんです。小百合さんにとって、綾子さんは息子さんの配偶者ですよね。綾子さんは小百合さんの法定相続人ではないため、寄与分は認められません。

小百合　そんな……。大切な家族なのに……。

潤一郎　遺言書に「綾子さんに残します」と書いておけばいいんじゃないか？

相続ソムリエ　その通り。これは後程説明しますね。**「寄与分を認めるかどうか」と「寄与分をいくらにするか」は、相続人同士の話し合いで決めるのです。** そのうえで、相続人の相続財産額が決まる仕組みです。
たとえば、被相続人のBさんの家で、介護をしていた長男に1000万円分の寄与分が認められた場合なら、相続財産5000万円から長男の分として、まず1000万円を差し引いてから遺産分割の計算をします。

桜　相続人の話し合いで決まらなかったら、どうするんですか？

相続ソムリエ　他の相続人が寄与分を認めてくれず、不服に思った場合は、家庭裁判所に**「遺産分割審判」**を申し立てて、審判によって金額を決めます。

桜　家族の間なのに、裁判になるんですね……。

相続ソムリエ　悲しいことですよね。そうならないように事前に相続について話し合いをしておくことをおすすめします。

「寄与分」とは？

［B家の相続］

Bさんの介護をしていた長男に1,000万円の寄与分

寄与分がない場合（法定相続分）

相続財産	5,000万円
妻	2,500万円（5,000万円×1/2）
長男	1,250万円（5,000万円×1/4）
次男	1,250万円（5,000万円×1/4）

寄与分が認められた場合

寄与者の相続額
＝（相続開始時の財産価格－寄与額）×相続分＋寄与額

相続財産	4,000万円（5,000万円－1,000万円）
妻	2,000万円（4,000万円×1/2＋0円）
長男	2,000万円（4,000万円×1/4＋1,000万円）
次男	1,000万円（4,000万円×1/4＋0円）

相続で最初に知っておくべき5つのポイント

相続ソムリエ

前菜の最後に、相続で最初に押さえておくべきポイントを5つご紹介しましょう。相続対策をスタートするときは、この5つに目を向けてみるとアクションしやすくなりますよ。

1つ目は**「財産と債務の把握」です**。配偶者や子に相続される財産と債務を書き出し、明確に把握しましょう。ポイントは、預貯金や不動産などといったプラスの財産だけでなく借金などのマイナスの財産も忘れずに洗い出すことです。

綾子

もしも被相続人に借金があったら、どうなるの？　相続人が返済しないといけないのかしら……？

相続ソムリエ　相続放棄をすれば、相続人は借金を返済する必要がなくなります。ただし、相続放棄すると、マイナスの財産だけでなく、プラスの財産を相続する権利も放棄することになります。

綾子　なるほど。プラスの財産を相続したいなら、マイナスの財産もセットでもらわないといけないのね。

相続ソムリエ　その通りです。**プラスの財産とマイナスの財産はセットで相続されます。**プラスの財産とマイナスの財産、すべての相続財産を相続することを「**単純承認**」、どちらも相続しないことを「**相続放棄**」と呼びます。

綾子　だから「財産と債務の把握」なんですね。プラスの財産とマイナスの財産を見比べて、どちらが大きいかがわかれば、相続すべきか相続放棄すべきかがわかるもの。

春樹　でも、もしも親がこっそり借金していたら、大変じゃないか？「預貯金や不動産が自分のものになる！」と喜んでいたら、マイナスの財産のほうが大きかったりして……。

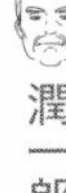
潤一郎　そういった意味でも、生前のうちに財産と債務を把握して、家族に開示しておく必要があるということだな。ちなみに、相続放棄するときはどんな手続きが必要になるのかな？

相続ソムリエ　**相続放棄を希望する場合には、相続人が家庭裁判所に「相続放棄」を申し立てる必要があります。**この手続きは、相続開始から3カ月以内に行わなければなりません。この期限を過ぎると、自動的に「単純承認」となります。

綾子　3カ月!?　相続放棄する場合は、すぐに意思決定しないといけないということね……。「借金があるかどうか」から確認している余裕はなさそうだわ。

春樹　「単純承認」と「相続放棄」は、相続人全員が同じじゃないといけないのでしょうか？　兄は単純承認、妹は相続放棄のようなパターンも認められるのだろうか？

相続ソムリエ　そのパターンもＯＫですよ。ただし、あとになって変更することはでき

桜 ませんので、注意してください。「全部相続する」か「全部相続しない」かだなんて、けっこう極端な決断を迫られるんですね。

相続ソムリエ 実はもう一つ、**「限定承認」**という選択肢があります。限定承認は、「プラスの財産の範囲内でなら負債も相続する」というもの。なお、こちらは相続人全員が合意する必要があります。

桜 限定承認はどんなふうに手続きするんですか？

相続ソムリエ 相続放棄と同様、相続が発生した日から3カ月以内に家庭裁判所に申し立てを行って、認可を受ける必要があります。

春樹 単純承認、相続放棄、限定承認。どれを選ぶにしても、相続人全員でしっかり話し合う必要がありそうだな……。

相続ソムリエ 春樹さんのおっしゃる通りです。さて、相続で押さえておくべきポイントに戻ってご説明しましょう。
2つ目は**「評価」**です。現金や預貯金以外の財産の価値を評価し、把握します。特に注意が必要なのは土地の評価です。きちんとプロフェッショナルに相談することをおすすめいたします。

桜　価値がわかれば、相続税の額がわかるってこと？

相続ソムリエ　その通りです。相続税額が把握できれば、生前のうちに準備をして、配偶者や子どもの負担を減らすこともできます。

小百合　なるほど。これは大事なことだわ。

相続ソムリエ　3つ目は**「分割」**です。相続人全員が納得できるように、公平に遺産を分割して、「遺産分割協議書」を作りましょう。特別受益や遺留分を考慮しつつ、納税資金や生活費が手元に残るようにしながら、現金や不動産などの割り振りを決めます。

綾子　これが、誰もが想像する「相続」ね。

相続ソムリエ　4つ目は**「納税資金の確保」**です。先程もお伝えしましたが、相続税の納税には現金が必要となります。相続税の支払いのために現金を用意しておくか、生命保険などを活用して、資金を確保しましょう。

潤一郎　これも大きなポイントだな。いくら不動産や株式があっても、現金がないと相続税が支払えない。残された家族が困ってしまうだろうな。

小百合　不動産を売却して現金を用意することもできるけど、すぐ売れるとも限らないものねぇ。

相続ソムリエ　5つ目は**「節税」**です。確かな知識のもと、しっかりした対策をしなければ、必要以上に相続税を払ってしまうこともあります。配偶者の税額軽減や小規模宅地等の特例、農地の納税猶予など、さまざまな特例がありますから、これらを活用しながら相続税を節税します。後程、じっくり説明しますね。

桜　難しそう……。相続ソムリエさんに相談したほうがよさそうだわ。

相続ソムリエ　喜んで。ご家族の状況をうかがって、フルオーダー形式でぴったりの相続税対策をご提案いたします。

相続で最初に知っておくべき5つのポイントは？

POINT1　財産と債務の把握

配偶者や子に相続される財産と債務を書き出し、明確に把握する。
預貯金や不動産などといったプラスの財産だけでなく、
借金などのマイナスの財産も忘れずに洗い出す

POINT2　評価

現金や預貯金以外の財産の価値を評価し、把握する。
土地の評価は、専門家に相談して行う

POINT3　分割

相続人全員が納得できるよう、
公平に遺産を分割して「遺産分割協議書」を作成する。
特別受益や遺留分、納税資金や生活費が手元に残るように考慮しながら、
現金や不動産などの割り振りを決める

POINT4　納税資金の確保

相続税の支払いのために現金を用意しておくか、
生命保険などを活用して資金を確保 しておく

POINT5　節税

必要以上に相続税を支払うことのないよう、特例を活用して節税を行う

第1章のポイント

●専門の税理士に依頼することで、相続は円満なものになる

相続税法は次々に改正されるうえ、新しい制度がすべてのケースに有効であるとは限らない。個々のケースに応じて、さまざまな制度がある中で最適なプランニングをする必要があるため、相続専門の税理士からアドバイスを受けながら相続対策を行うべき。専門の税理士に相談しなかったばかりに、本来の数倍の税金を支払うことになったケースもある。

●まずは、親族でコミュニケーションを

将来発生する相続に対して、漠然とした不安を感じるのは、「被相続人になる人の保有している財産を把握していないこと」が原因。親族間でオープンにコミュニケーションを取り、財産の額を把握して、早期から相続対策を行う必

要がある。

●相続税の申告・納付期限は意外と短い

相続税の申告・納付期限は、相続人が被相続人の死亡を知った日の翌日から10カ月以内。この間に、相続人全員が同意して相続財産の分割を完了させ、相続税の申告と納付を済ませる必要がある。期限に遅れてしまった場合には、「延滞税」というペナルティが課される。

スープ

土地等
財産評価のこと

フランス料理のコースではオードブルに続き、
スープが提供されます。一般的にイメージするスープもあれば、
とろみのあるポタージュが供されることもあります。
オードブルで少し食欲を刺激されたら、
いよいよ相続対策の本番ともいえるテーマ、
土地等財産評価についてお話ししていきましょう

人参のポタージュでございます
ハア〜〜〜〜〜……
甘みがあっておいしい！
見た目も華やかで素敵だわ
ありがとうございます
このスープに合うワインは……
芳醇(ほうじゅん)な香りが鼻に抜けていくわ！
うむ後味がスッキリするよ
次の「土地等財産評価」は
税理士の腕の見せどころでございます
詳しくは相続ソムリエにお任せいただくのが一番ですが
前提知識としてまずは概要からお伝えいたしましょう
このポタージュのように
なかなか甘くなさそうだな

財産を分けられないときはどうするの？

綾子　ソムリエさん、質問してもいいかしら。相続人が複数いた場合のことを考えていたんですけど、不動産は分けにくそうですね。預貯金なら、そのまま分割すればいいけど……。

春樹　不動産は、共有したらいいんじゃないか？

相続ソムリエ　ご自宅や投資用の不動産を共有するのは、実はあまりおすすめしていません。相続人同士で意見がまとまらず、売却したいのにできないというトラブルに発展することがありますので……。

桜　それじゃ、どうすればいいの？

相続ソムリエ　わかりやすく説明しましょう。まず、遺産分割には**「現物分割」「換価分**

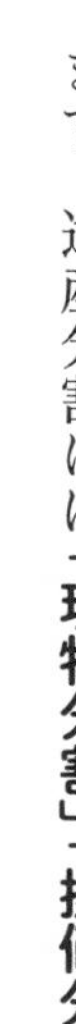

割」「代償分割」の3つがあります。

「現物分割」は、シンプルです。3人で相続財産を分割する場合に、1人は自宅、もう1人は株式、もう1人が預貯金といったように**相続財産をそのまま分割すること**を指します。

次に「換価分割」です。これは読んで字のごとく、**相続財産をいったんすべてお金に換えてから分けること**です。たとえば自宅が6000万円、株式と預貯金がそれぞれ1500万円ずつだった場合、すべてお金に換えると合計9000万円ですよね。これなら3人で3000万円ずつ分けられますね。

綾子　うーん。現物分割だと、自宅をもらった人が6000万円相当、ほかの2人はそれぞれ1500万円相当だから、2人は不満なんじゃないかしら。それなら換価分割のほうが、ケンカにならなくて済みそうね。

春樹　でも、換価分割だと自宅を売ることになるな。それでいいのか？

相続ソムリエ　綾子さんも春樹さんも、いいところに気づきましたね。そんなときは「代

償分割」を使いましょう。**大きな財産を相続した相続人が、他の相続人に代償金を支払う方法**です。

桜 えーと、６０００万円相当の自宅を相続した人が、他の２人に１５００万円ずつ現金を渡すってこと？

相続ソムリエ 桜さん、正解です！

綾子 これなら円満に分けられそうね。

小百合 ちょっと待って。たしかに円満だけど、１５００万円ずつ支払う人は大変じゃないかしら……？

相続ソムリエ 小百合さんのおっしゃる通りですよ。自宅を相続して６０００万円相当の財産が自分のものになったとはいえ、手元に現金がなければ、厳しいですよね。

春樹 代償分割では、現金を渡さないといけないんですか？

相続ソムリエ いいえ。他の相続人が納得するなら、別の形でもかまいませんよ。

春樹 それならよさそうだ。他にデメリットはないんですか？

相続ソムリエ

代償分割を行うには、相続人全員の同意が必要であることでしょうか。それと、**代償分割をすると決めたら、遺産分割協議書にその旨を明記する**ことを忘れないでください。そうでなければ、贈与とみなされてしまい、贈与税が課される可能性があります。

加えて、土地の代償分割には譲渡所得税がかかることもデメリットだといえるでしょう。

潤一郎

なるほど。**今からしっかりと整理しておいたほうがよさそうだな。**

「納税資金は十分か」を判断する

小百合

ソムリエさんのお話をうかがっていると、相続税の金額を把握したらすぐ、納税資金が足りているかどうかを確認する必要がありそうね。

相続ソムリエ　おっしゃる通りです。**十分な現金があればいいのですが、そうでなければ、納税資金をどうやって工面するかを考えなければなりません。**

桜　もしも現金が足りなかったら……？

相続ソムリエ　なんとしてでも、資金を準備しなければいけません。現金一括納付だけでなく、延納や物納の制度もあるんですが、要件を満たすのは難しいんですよ。**泣く泣く自宅や投資用不動産を売却して、まとまったお金を用意する**方が多いですね。

小百合　自宅がなくなってしまったら、困るわ。それに投資用不動産も。老後の資金確保のために購入したのに……。

相続ソムリエ　小百合さん、ご安心ください。前もって対策しておけば大丈夫ですよ。

綾子　納税資金も必要だけど、税理士さんにお支払いする報酬も必要だわ。

相続ソムリエ　はい。相続税の申告・納税手続きを完了するまでには、さまざまな費用がかかります。税理士の報酬だけでなく、名義変更のためには司法書士の報酬や登録免許税などもかかります。不動産鑑定士に鑑定をしてもらったほうがいいと判断した場合には、その費用もかかりますね。

春樹　不動産鑑定士さんのお世話になることもあるんですね。

相続ソムリエ　不動産は多くの場合、路線価方式で評価しますが、評価方法によって評価額が大きく異なることもあります。たとえば、路線価で計算すると相続税評価額が５０００万円になる土地でも、不動産鑑定士に鑑定をしてもらうと、４０００万円になることもあるのです。

桜　すごい！　やっぱりプロに頼む必要があるね。

相続ソムリエ　相続税評価額が１０００万円下がると、大きな節税につながります。仮に相続税の税率が30％であれば、１０００万円×30％で３００万円の節税効果が得られます。

綾子　不動産鑑定士さんにお願いするときは、どのくらいの報酬をお支払いするのかしら……？

相続ソムリエ　土地の数・状況によりますが、数十万円でしょうか。

春樹　それで３００万円の節税効果が得られるなら、お願いする価値はありま

相続ソムリエ

すよね。不動産鑑定士さんに依頼すべきかどうかは、どのように判断すればいいのだろうか？

路線価と時価が乖離している場合などは、評価が複雑になるため、不動産鑑定士に依頼することをおすすめします。**不動産鑑定士に依頼すべきかどうかも、税理士に相談してもらって大丈夫ですよ**。安心してお任せいただければと思います。

申告完了までにかかる費用一覧

- 税理士報酬
- 司法書士報酬
- 登記簿謄本
- 住民票
- 金融機関の残高証明
- 測量代（境界線、文筆等が必要な場合）
- 鑑定評価報酬（土地の鑑定評価を依頼した場合）

相続財産の評価額を算出する方法

潤一郎　相続財産の計算について質問したい。預貯金は額面通りに評価されるとして、やっぱり気になるのは土地などの不動産だ。先程、土地などの不動産の評価は税理士に相談をとおっしゃっていたが、ざっくりとした計算方法を教えてもらえないかな？　相続財産の評価額がわからないと、相続税の額もわからないということだが……。

相続ソムリエ　はい。相続税を計算するにあたっては、相続財産を正確に評価する必要があります。そうしないと、相続人同士での遺産分割もままならないですからね。**相続税の計算では、土地は「路線価方式」か「倍率方式」で評価します**。

春樹　路線価は、聞いたことがあるような気がするな……。

相続ソムリエ　**路線価は、宅地1平方メートルあたりの価額で、基準となる道路に面している土地の価額のこと**です。

桜　なんだか難しそうね……。

相続ソムリエ　難しいですよね。面している道路ごとに基準となる金額が定められていて、それに土地の形や奥行きなどに対応する補正率をかけると、相続税評価額を算出できるという仕組みです。

小百合　土地の形によって評価額が変わるのね。どんな土地だと高いのかしら？

相続ソムリエ　評価額が高いのは、角地や、土地の正面と裏面に道路が面している「二方道路」、土地の三方が道路に囲まれている「三方道路」の土地ですね。逆に評価額が低くなるのは、間口の狭い土地や不整形地です。このように、定められた補正率をかけて評価額を算出する仕組みを、**「路線価方式」**といいます。

綾子　角地や二方道路、三方道路の土地……。住みたいと思うような土地は、評価額も高いのね。

春樹　路線価はずっと同じなんだろうか？

相続ソムリエ　いえ。**国税庁から毎年7月1日に発表されます。**

春樹　なるほど。もう一つは……倍率方式でしたっけ。

相続ソムリエ　**倍率方式は、固定資産税評価額を基準として相続税評価額を計算する方式**です。

桜　また難しい言葉が出てきた！　固定資産税評価額って？

相続ソムリエ　固定資産税評価額は、固定資産税の計算のもとになっている固定資産の価値を評価した額のことです。

潤一郎　毎年、固定資産税の納税通知書が届くからわかりやすいな。

相続ソムリエ　その通り。**固定資産税評価額は、3年に一度改定されます。**固定資産税評価額に、国税庁が地域ごとに毎年決める倍率をかけると、相続税評価額を算出できます。

春樹　そういえば、更地は評価が高くなるって聞いたことがあるが……。

相続ソムリエ　はい。**土地は、利用状況によって相続税評価額が変わってきます。**もっとも高いのは更地です。一方、宅地として貸している土地、アパートなどの敷地は土地の持ち主が自由に使えないため、低く評価されます。

相続税評価額が高い土地と低い土地

相続税評価額が高い土地

都市部に所在

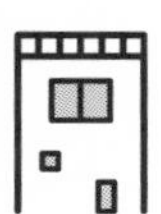

土地の所有者＝自分
建物の所有者＝自分
建物の使用者＝自分

相続税評価額が低い土地

郊外に所在

貸宅地

土地の所有者＝自分
建物の所有者＝第三者
建物の使用者＝第三者

貸家建付地

土地の所有者＝自分
建物の所有者＝自分
建物の使用者＝第三者

マンション節税は有効？

綾子　「マンションを建てると節税になる」と聞いたことがありますが、本当ですか？

潤一郎　そうだ、ワシの友人もこの前マンションを建てたのだが、「相続対策だ」と言っておったな……。

相続ソムリエ　財産が一定以上ある人は、マンション節税のスキームが相続対策として有効です。

現金資産が3億円あるケースで考えてみましょう。この現金をそのまま金庫にしまっておいたり、銀行に預けておいたりすると、相続税評価額はあくまで3億円です。100％の評価で相続税が課税されるのです。

一方、3億円を使ってマンションなどの賃貸不動産を建てると、相続税評価額は固定資産税評価額から借家権割合を差し引いた金額で計算されます。賃貸不動産であればおおよそ42％に下がります。

なお、固定資産税評価額は市区町村役場が計算します。建物の材質や構法によって変わるものの、建築費の60％前後と想定しておくといいでしょう。

春樹

不動産に変えるだけで、相続税評価額を1億7000万円近くも下げられるんですね。同じだけの資産があっても、どのような形で残すかによって相続税額が大きく変わるわけか。

相続ソムリエ

ただし、マンションを建てるには時間がかかりますから、早い段階から計画的に進めておく必要があります。

賃貸マンションの土地は「貸家建付地」の評価になる

潤一郎　そういえば先程、マンションやアパートを建てた土地は、更地よりも評価が低くなり、節税になるというお話もありましたよね。

相続ソムリエ　はい。**更地にマンションを建てると、土地は「貸家建付地」として評価されます**。更地は何にでも自由に利用できる使い勝手のいい状態ですから、評価が高くなってしまうんです。ところが、マンションを建てて第三者に貸すことになれば、住民の権利が発生します。土地自体の使い勝手も悪くなり、使用が制限され、その分、評価額が下がるという仕組みです。

潤一郎　マンション節税のお話と考え合わせると、現金と更地を持っていて、相

相続ソムリエ　続税対策をしたい場合には、マンションを建てるのがよさそうですね。有効な節税手段になると思います。ただ、**マンションを建てるのであれば、ある程度の家賃収入が見込めないと意味がありません。**

小百合　確かにそうですね。たくさん入居者さんが入って、気に入って住み続けてくださるようなマンションにしなければ、いくら相続税が節税できたとしても赤字になってしまうもの。

マンション節税の仕組み

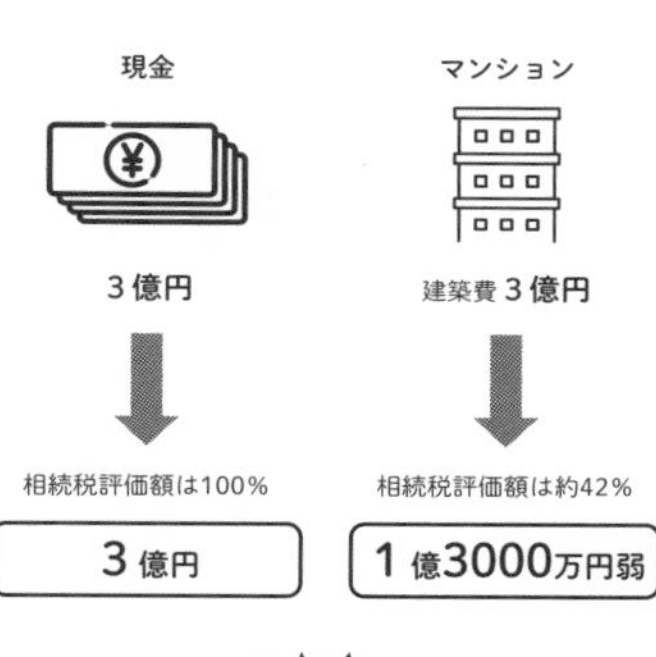

土地の利用状況による評価の違い

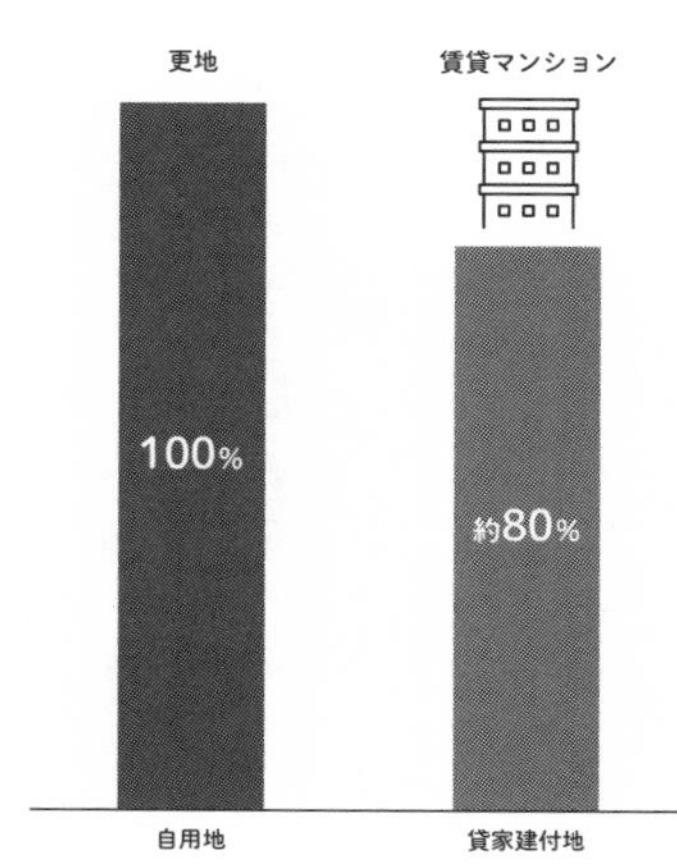

マンション節税には、賃貸ニーズのマーケティングが必要

相続ソムリエ　以前、あるハウスメーカーが節税をうたい文句にして、高齢者の方にマンションを建設させたケースがありました。しかしマンションを建てたのは、かなり田舎で駅から遠い場所でした。入居者が決まらず、いつまで経っても家賃収入がないため、マンションオーナーはローンの返済に窮することになってしまったんです。

桜　ひどい話ですね！

相続ソムリエ　手持ち資金で建設していればまだよかったのかもしれませんが、借入金を利用していたので、家賃が得られなければローンが返済できません。それればかりか、担保になっている大事な土地を失ってしまうこともある

のです。

綾子　手練手管のセールス担当者に売り込まれたら、「いいかも」と思ってしまいそうね。それを見抜く目を持たなくちゃ。

春樹　マンション経営って悠々自適のイメージで憧れるけど、決して簡単なことじゃないと思うな。

相続ソムリエ　春樹さんのおっしゃる通りです。マンション節税を考える際は、単純に現金を別の資産に変えるだけでなく、事業であるという意識が必要です。**マンション経営の収支自体が黒字化して、相続税の支払いで残った資金を次世代に引き継ぐのがベスト**でしょう。

桜　東京タワーが見えるマンションを持ってるんだ、なんて言ってみたいな。

相続ソムリエ　桜さんのおっしゃるように、資産を受け継ぐ世代にとっても、赤字物件を相続したくないでしょう。もらってうれしいマンションになるよう、立地などもしっかり検討することが大事です。

潤一郎　子や孫に残してやれるようなマンションか……。立地以外には、どんな

綾子　マンションがいいんだろうな。最近は、リノベーション物件も流行っていますよね。必ずしも新しいマンションである必要はないと思うな。

相続ソムリエ　綾子さん、よくご存じですね。築年数の古いマンションを保有しているケースもあるでしょう。

春樹　でも、古いマンションでは収益が出ないんじゃないですか？

相続ソムリエ　古いマンションの場合は、手持ちの預貯金を使って建て替えやリノベーションすることで収益性を高めるのも一つの手です。**お金が減って相続税対策にもなりますよ**。ただしその一方で、相続税対策として行われたマンション節税が否認された事例もありますので、そうならないように慎重に考えていきましょう。

残された家族の負担を軽減する「小規模宅地等の特例」

相続ソムリエ　メインディッシュの前に、もう一つ重要なことをお伝えしましょう。「**小規模宅地等の特例**」という言葉を聞いたことはありますか？

桜　なんだか難しそう。宅地だから……、家がある土地のこと？

相続ソムリエ　正解です！　小規模宅地等の特例は、「夫にもしものことがあったとき、妻は今の家に住み続けることができるのか？」という心配を解決してくれる制度なんですよ。

潤一郎　それはいい話だ。私が死んだ後、妻の生活がどうなるか、今から心配でたまらないからな。

相続ソムリエ　相続財産にはさまざまありますが、特に高額の相続税が課されて困るのは、土地でしょう。そこで暮らしている方にとって、高額の相続税を支払えず、手放さざるを得なくなってしまうと、住むところがなくなりますからね。そこで、**一定の要件に当てはまる土地については、評価額を減額できる制度なのです**。

潤一郎　うちの自宅も対象になるんだろうか。

相続ソムリエ　対象になる土地は3種類あります。**「自らの居住に使っていた土地」「事業に使っていた土地」「賃貸していた土地」**です。

小百合　評価額はどれくらい下がるんですか？

相続ソムリエ　居住している土地であれば評価額が80％下がります。5000万円の土地なら、小規模宅地等の特例が適用されれば1000万円ですね。

桜　すごい！　全然違うのね。

相続ソムリエ　大きな額ですよね。「自らの居住に使っていた土地」だけでなく、「事業に使っていた土地」「賃貸していた土地」に関しても、手放したら今後の生活にダメージがある場合は、評価が下がり、相続税が安くなります。**「相**

小規模宅地等の特例による相続税評価額の減額

土地の種類	利用目的	限度面積	減額割合
特定居住用宅地等	被相続人等の居住地として利用されていた土地	330m²	80%
特定事業用宅地等	不動産貸与業以外の事業で利用されていた土地	400m²	80%
貸付事業用宅地等	不動産貸与業に利用されていた土地	200m²	50%

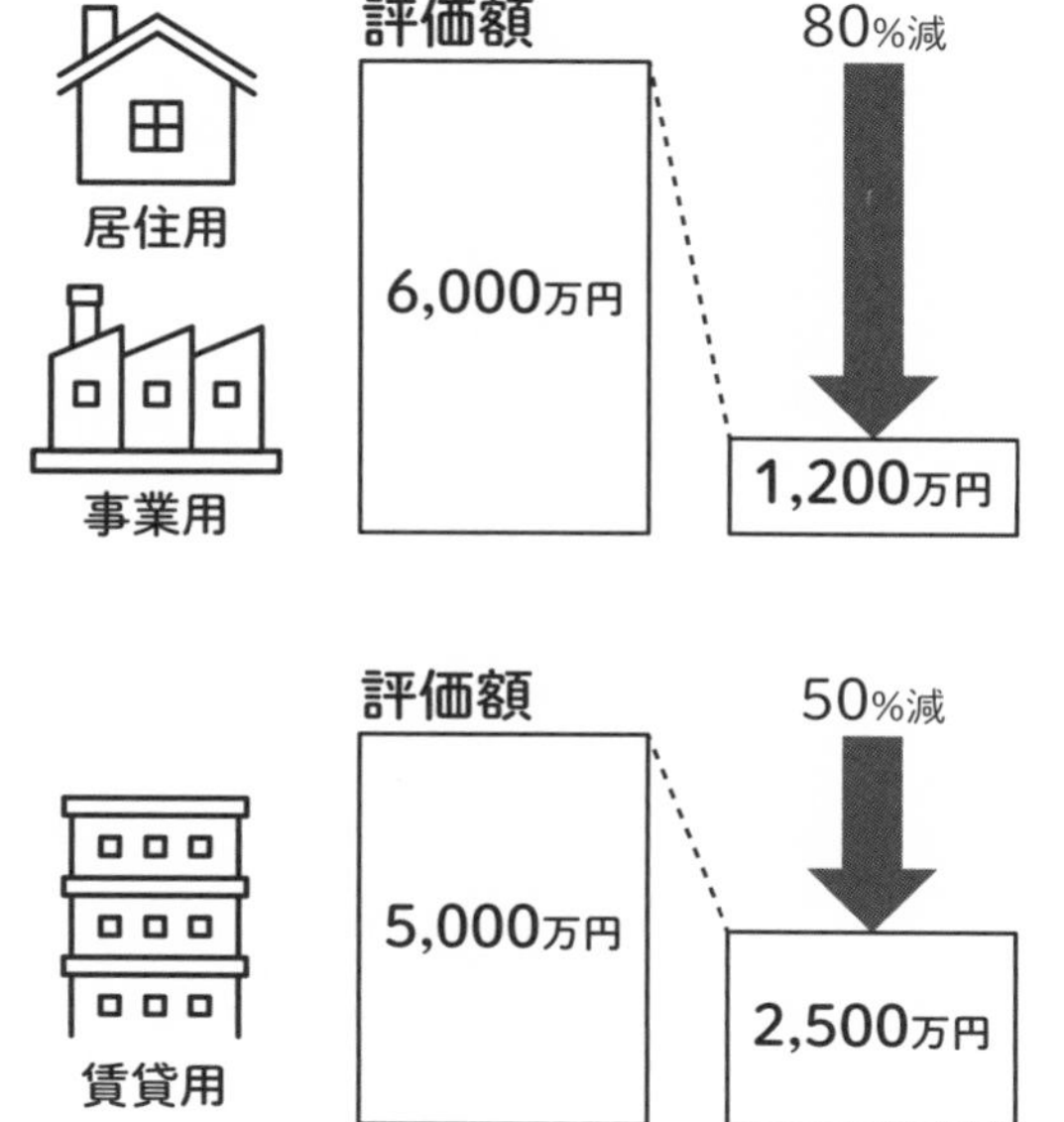

続税が課税されるかどうかはこの特例が使えるかどうかで決まる」とい

特定居住用宅地等が認められるケース

1	被相続人の配偶者が相続する場合
2	被相続人と同居していた相続人（長男など）が相続する場合
3	被相続人に配偶者や同居人がいないときに、相続前の３年間借家住まいの相続人が相続する場合

特定事業用宅地等が認められるケース

1	被相続人の事業を申告期限までに引き継ぎ、申告期限まで事業を営んでいる場合
2	被相続人と生計を一にしている親族の事業用宅地等であれば、申告期限までその土地で事業を営んでいる場合

貸付事業用宅地等が認められるケース

1	被相続人の貸付事業を申告期限までに引き継ぎ、申告期限まで貸付事業を営んでいる場合
2	被相続人と生計を一にしている親族の貸付事業用宅地等であれば、申告期限までその土地で貸付事業を営んでいる場合

うケースも多いんですよ。

桜　どういうこと？

相続ソムリエ　では、相続人が３人の場合で考えてみましょう。相続税の基礎控除額は３０００万円＋６００万円×３人＝４８００万円ですね。自宅の土地評価額が５０００万円、預貯金や金融資産が３０００万円あれば、控除額を超えるため、相続税を支払う必要があります。ここまではいいですか？

桜　基礎控除額の範囲内に収まっていないから、超過分が相続税の対象になるんでしたよね。

相続ソムリエ　正解です、よく覚えていましたね。
ところが、「小規模宅地等の特例」を適用して、土地の評価額が５０００万円から１０００万円に下がったとしましょう。すると、預貯金等と合計しても評価額は４０００万円ですから、基礎控除の範囲内となり、税金がかからないのです。

小百合　すごいわね。本当にありがたい制度ですね。

第2章のポイント

●土地などの不動産の評価・相続には要注意

相続財産の評価額がわからないと、相続税の計算もできない。相続税対策に着手する際は、まずは土地などの不動産の評価を行うのがおすすめ。専門知識のない人が評価することは難しいため、できるだけ早いタイミングで税理士などのプロに相談を。

●小規模宅地等の特例で、評価額を減額

小規模宅地等の特例は、生活基盤の維持に必要な財産についての相続税負担を軽減するために設けられた制度。一定の要件に当てはまる土地については、評価額を減額できる。

3

ポワソン
（魚料理）

生前対策のこと

フレンチのコース料理ではオードブル、
スープに続いてポワソン（魚料理）が提供されます。
ポワソンはヴィヤンド（肉料理）と並んでディナーの主役です。
第3章では、相続対策における主役の一つ、
生前対策についてお話ししていきましょう

次はポワソン魚料理ね！
なんだかもっとおなかが空いてきたわ
まあ桜ちゃんたら
たしかに楽しみね
小百合さんのお誕生日ですので鯛のポワレをお持ちしました
おおこれはめでたい！
カリッと焼けていてうまいな
ワインは白ね！爽やかなお味
本日は白ワインをお持ちしましたが
フルーティーな赤ワインも相性がいいのでおすすめですよ
ここまでの話で生前対策がいかに重要か
だんだんご理解いただけたことと思います
次はワインとポワソンのマリアージュを楽しんでいただきながら
生前対策についてお話しいたしましょう

生前対策、何をすればいい？

相続ソムリエ　生前対策の第一歩は**財産の棚卸しをして、財産リストを作ること**です。財産リストがなければ相続税を計算することも、遺産分割を検討することもできません。財産の棚卸しをしたうえで、生前対策を考えていきましょう。

小百合　遺言書を書くことから始めるのかと思っていたけれど、確かに、遺言書は財産の棚卸しをしないと書けないわね。棚卸しなら、難しい知識もさほど必要なく、気軽に着手できそうだわ。

相続ソムリエ　おっしゃる通りです。なお、遺言書は、遺産分割の方向性が決まってから書くことをおすすめします。遺言書についてはこの後、お肉料理のときにお話をする予定なので、もう少しお待ちくださいね。

小百合　ありがとう。財産の棚卸しもそうだけれど、生前対策は被相続人だけで取り組んだらいいのかしら？　それとも誰かと一緒に？

相続ソムリエ　私どもは、**税理士はもちろんのこと、相続人の意見や希望も聞きながら生前対策を進めることをおすすめしています。**

綾子　あら、どうして？

相続ソムリエ　そのほうが後で揉めにくいからです。たとえば、相続財産のほとんどが預貯金であれば、公平に分割できるので揉めにくいでしょう。一方、不動産は分割するのが容易ではありません。物件ごとに強みや弱みがあるため、誰がどれを相続するかなかなかまとまらず、仲のよかった家族が修復不可能なケンカをしてしまった……というケースも多いのです。

潤一郎　それはイヤだね。自分が亡くなった後とはいえ、家族にはいつまでも仲良くしていてほしいものだ。

相続ソムリエ　配偶者やお子さんの希望なども聞いたうえで、誰にどの資産を相続させるかを遺言書にまとめておくといいでしょう。後程じっくり説明しますが、「なぜこの人にこの資産を渡したいのか」と、分割の意図を付言事項に記しておくと、相続人は納得感を得やすくなります。付言事項については、5章で説明しましょう。

春樹　なるほど。生前に遺産分割について考える時間をとるのは、いい「終活」になりそうですね。

相続ソムリエ　おっしゃる通りです。できる限り早く、できる限りじっくりと考える時間をとってほしいと思います。

相続税の申告・納税は、相続開始から10カ月以内に済ませる必要があります。特に不動産は、相続が発生してから売却するのは簡単ではありません。売り急いでいることが相手に伝わり、買い叩かれる可能性もありますからね。

その点、生前に遺産分割についてじっくり考えておけば、「この不動産は処分したほうがいいな」などといった結論に至り、時間をかけてよい条件で売却できるかもしれませんよね。できれば今すぐにでも着手していただき、時間に余裕を持って進めることをおすすめいたします。

生前対策で分割しやすい資産に組み換える

潤一郎　資産の棚卸しをして、保有している不動産の状態を確認して、残したい不動産と売却したほうがいい不動産を分けて……。残したい不動産と売却したほうがいい不動産を分ける作業は、難しそうだな。何を基準にしたらいいんだろうか？

相続ソムリエ　時価を算定して、相続税の額をシミュレーションしてみましょう。あまりに相続税額が高くなるようでしたら、生前に売却するのも一つの手ですよ。

相続税額に加えて、利回りを基準にするのもいいでしょう。仮に1億円の価値の不動産から年間1000万円の家賃収入が得られるとすれば、利回りは10%です。他の不動産の利回りが5%であれば、5%の物件を優先的に処分してはいかがでしょうか。

小百合　あまり活用できていない土地や物件はどうかしら？

相続ソムリエ　そちらも処分候補にするといいでしょう。**特に更地のままになっている土地は収益を生み出さないばかりか、相続税評価額が高くなってしまいます**。一方、土地を貸し付けていると相続税評価額は更地より下がります。

潤一郎　なるほど。保有している不動産を見てみよう。売却して、相続人が分割しやすい現金や株式に換えてしまったほうがいいかもしれない。

相続ソムリエ　おっしゃる通りです。株式は価値が上がるかどうか判断が難しいため、相続財産として残すか、売却して現金化するかを検討することとなります。

小百合　預貯金に土地……ほかに何かあるかしら。

生前対策で考える資産の組み替え（収益不動産）

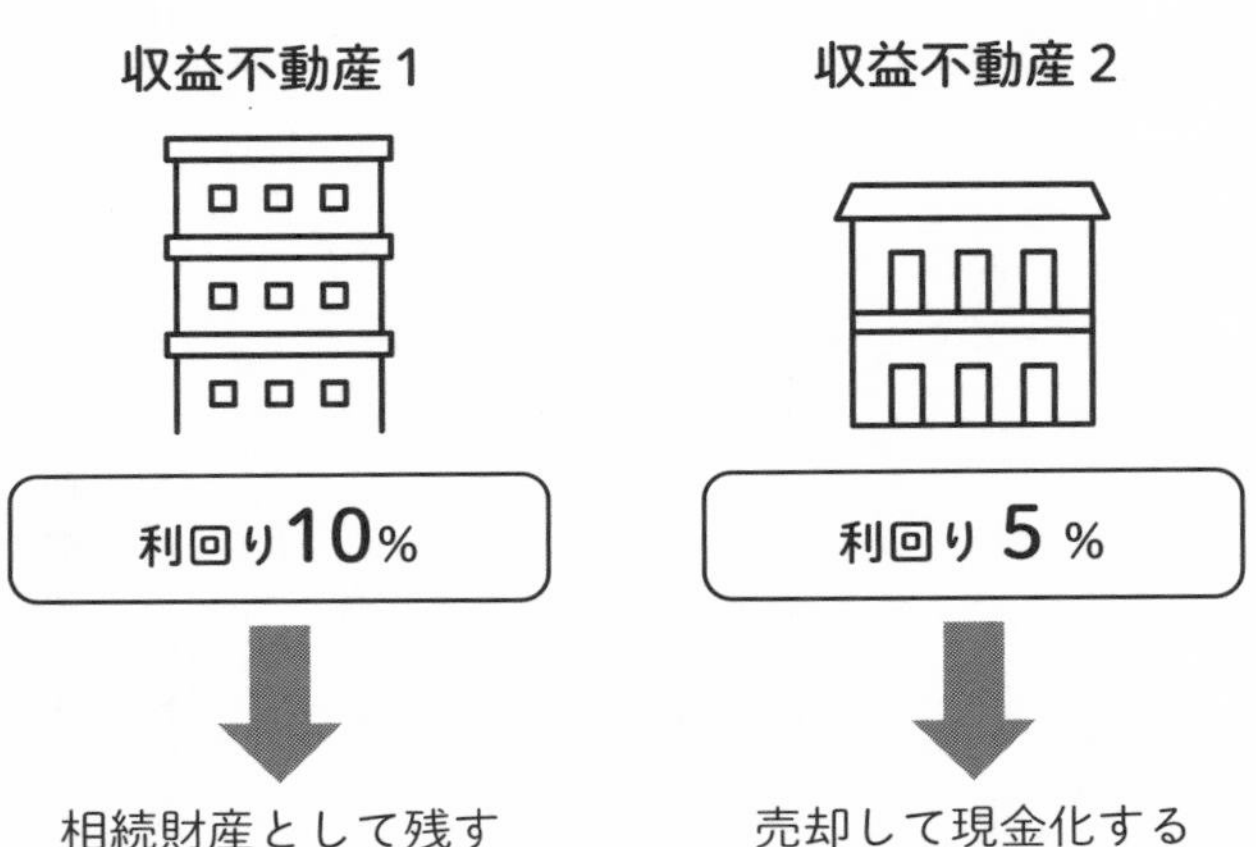

生前対策で考える資産の組み換え（未利用地と株式）

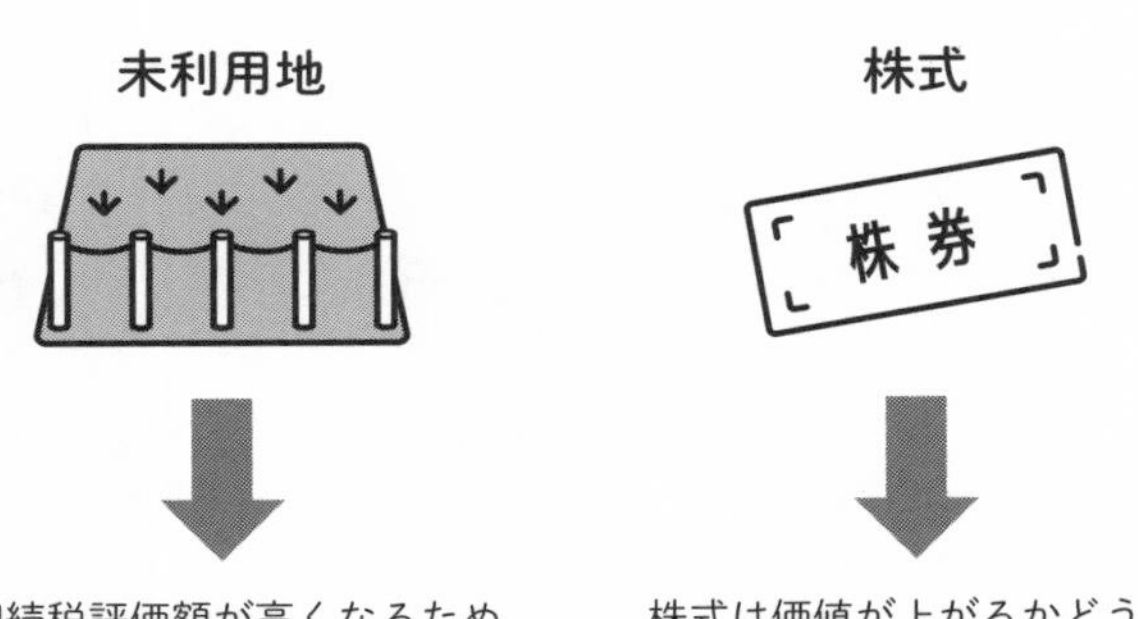

相続税評価額が高くなるため、
不動産活用するか、
売却して現金化する

株式は価値が上がるかどうか
判断が難しいため、
相続財産として残すか
売却して現金化するか
検討する

相続ソムリエ　よくご質問いただくのは、生命保険でしょうか。**被相続人が亡くなったときに支払われる生命保険金については、相続人が受け取る場合には相続税がかからない非課税枠の分を差し引いた額が相続財産となります。**

潤一郎　非課税枠があるのか。

相続ソムリエ　**「500万円×法定相続人の数」の非課税枠**が設定されています。

小百合　意外とシンプルね。

潤一郎　もし私が亡くなった場合、法定相続人は妻と春樹、そして春樹の妹の合計3人なので、非課税枠は「500万円×3」で1500万円ですね。

小百合　潤一郎さんが私を受取人として2000万円の生命保険に加入していたとしたら……2000万円から1500万円を差し引いた500万円が相続税の対象になるのね。

死亡保険金の「非課税枠」とは？

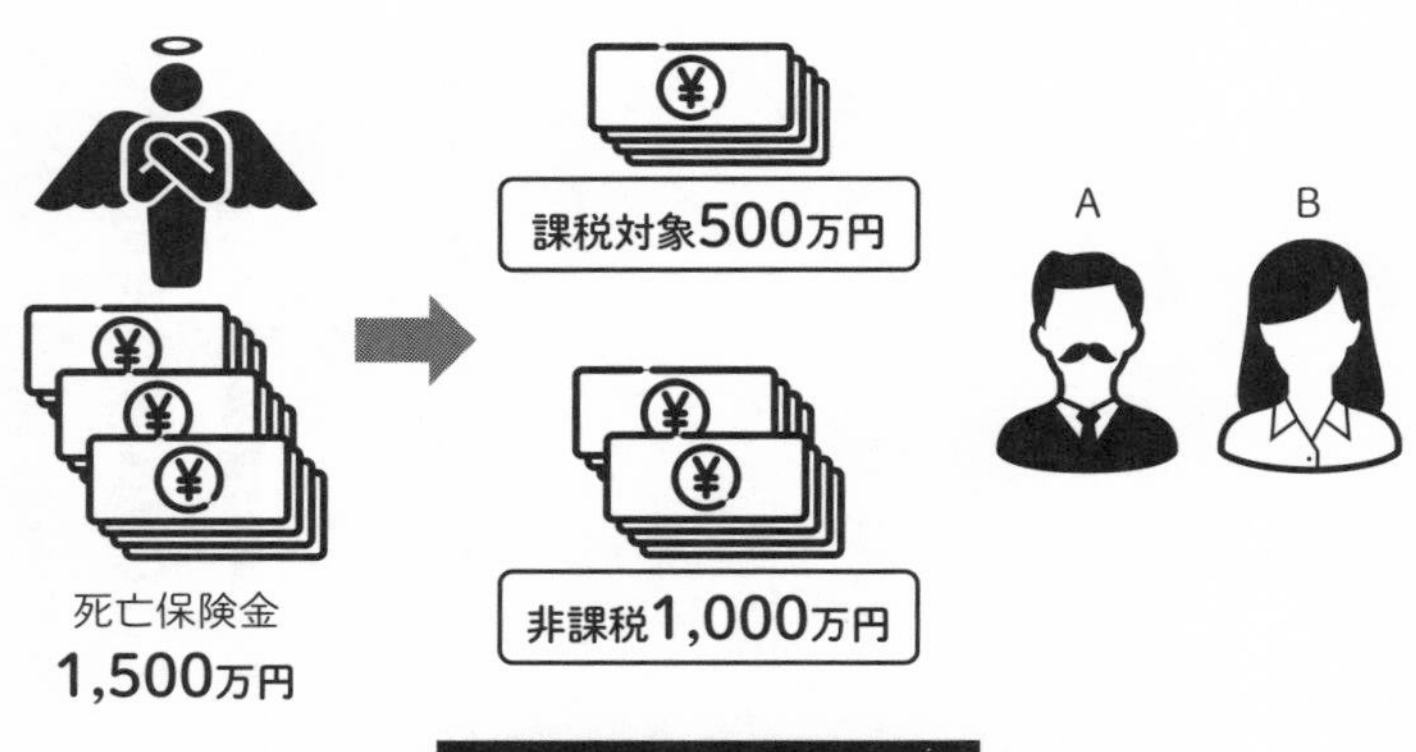

非課税枠1,000万円

（500万円×2人）

死亡保険金が非課税の枠内であれば
相続税は発生しない

代償分割の活用も検討しておく

春樹

不動産を売却すれば、相続税の納税資金を確保できるだけでなく、遺産分割がしやすくなるという話だが、どうしても不動産に買い手がつかないこともあるだろうな。そんなときはどうすればいいのだろうか？

相続ソムリエ

春樹さんがおっしゃる通り、財産が不動産などに偏っている場合には、生前に不動産を処分して現金化しておくことで納税資金を確保できますし、複数の相続人同士で遺産分割をしやすくなります。とはいえ、どうしても売却できないケースがあるのも確かです。そんなときは、先程ご紹介した**「代償分割」**が使えますよ。

たとえば、長男と次男が相続人で、長男が自宅などの不動産をすべて相続したなら、次男には長男から現金を渡すのです。

桜　長男がもらいすぎている分、次男に現金で渡して、平等にするのね。

相続ソムリエ　仮に不動産の価値が1000万円であれば、長男から次男に500万円の現金を渡すと、長男と次男が500万円ずつ相続したことになります。
ただ、先程もお伝えしましたが、代償分割を選ぶ際には注意点が1つあります。

綾子　**遺産分割協議書**、でしたね。

相続ソムリエ　正解です！　遺産分割協議書に代償分割をした旨を記載しておけば、長男から次男への贈与だとみなされず、贈与税がかからないのです。

セミナーへの参加が生前対策のきっかけになる

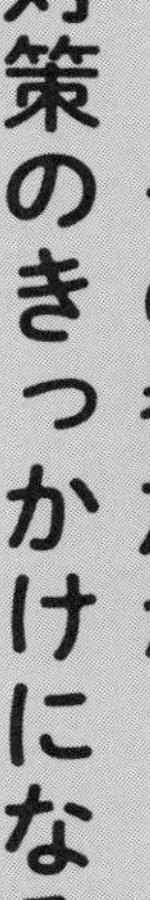

小百合　そういえば友人が最近、相続セミナーに行ったって言ってたわ。

相続ソムリエ　行動を起こす最初の一歩としてセミナーに参加するのもいいと思います。セミナーでは相続にまつわるさまざまな話をしますが、その中に2つか3つ程度は気になる話題があるでしょう。
ただ、私の感覚では、**セミナーで聞いたことを実行に移すのは参加者の3割程度。残りの7割の人は、1週間もすれば忘れてしまう**ものです。
もちろん、セミナーに参加するというそれだけでも前進ではありますが、できそうなことから行動に移していただきたいですね。

潤一郎　妻や子、孫のことを思うと、何もせずにはいられないよ。

相続ソムリエ　素晴らしいです！　お元気なうちから将来の相続に向けて行動する。それが大切な家族のためになるのです。

小百合　何もしなかったら、大切な家族が大変な思いをすることになるのよね。

相続ソムリエ　おっしゃる通りです。**被相続人が決断も行動もしなかった場合、そのツケを支払うのは相続人です**。その点を理解したうえで、相続人の負担を減らす方法を考えていただけたらと願っています。

潤一郎　セミナーもいいけど、やっぱり個別に相談に乗ってもらうのが安心だな。資産の状況も家族構成も、人それぞれ違うわけだから。

相続ソムリエ　それが理想です。税理士と相談しながら最適な相続対策を行うことで、円満な相続を実現できるでしょう。

桜　ソムリエに相談しながら、食事に合うワインを選ぶのと同じだね。

相続ソムリエ　ソムリエは、料理との相性だけではなく、食事をする人の好みを考え合わせてぴったりのワインを提案しますよね。これは、相続についてアドバイスする税理士も同じです。さまざまな要素やご要望を織り込んだうえで、最適な対策をご提案します。

生前対策はパートナー選びが重要

桜 うちはソムリエさんに出会えてよかったよね。パートナー選びって、本当に大事だと思うな。

相続ソムリエ そう言っていただけて何よりです。パートナーによって、相続は円満に終わることもあれば、悲劇にもなり得ますから。

潤一郎 パートナーと言えば、最近、ハウスメーカーも「相続対策」を打ち出していますよね。たまにチラシが入っていますよ。

相続ソムリエ 相続対策として、マンションの建設をすすめるのだと思います。この場合、ハウスメーカーはマンション経営事業のパートナーとなりますから、

潤一郎　信頼できるところを選ぶ必要があります。パートナー一つで、成功も失敗もしそうだ。マンションを建てるだけではなく、客付けや管理でもお世話になるわけだしな。

相続ソムリエ　そうですね。マンションを建てた後の管理はハウスメーカーの100％出資子会社の管理会社に委託するのが一般的ですので、管理会社がしっかりしているかどうかも確認しなければなりません。

小百合　「相続税額のシミュレーションをします」という営業を受けたことがあるわ。どれくらいの精度で試算してくれるのかしら。

相続ソムリエ　概算と考えたほうがいいでしょう。営業担当者が相続税のシミュレーションソフトで試算しますので、土地の形状などによるさまざまな評価減は適用されていないはずですよ。

潤一郎　それではあまり意味がないような……。

相続ソムリエ　概算、目安として見る分にはいいと思います。ただ、潤一郎さんのおっしゃる通り、シミュレーションが正確でないと、最適な対策を選ぶことはできません。**相続に詳しい税理士に相談するか、税理士と業務提携しているハウスメーカーを選ぶのがおすすめです。**

生前対策を通じて税理士と信頼関係を築く

桜 ソムリエさん、これまで相談を受けて、「この案件は大変なことになりそうだな」と思ったケースはありますか？

相続ソムリエ そうですね。どんなケースでも真摯に対応させていただきますが……。相続人と配偶者の関係によっては、波乱の予感がすることもありますね。

桜 どういうことですか？

相続ソムリエ **相続人がおとなしいタイプである一方、その配偶者が自分の意見を押し**

通すタイプだと、相続人のほうが押されてしまうのです。

桜　なるほど。お金が絡んでくることだから、そんなこともありそうですね。

春樹　インターネットでいろいろ調べられる時代だから、なおさらかもしれないな……。

相続ソムリエ　そうですね。勉強してきてくださるのはとてもありがたいことだと思うのですが、インターネットなどで中途半端に知識をつけるくらいなら、思い切ってプロに任せることも大切です。

春樹　**プロとの信頼関係を築くのが、相続成功への道なんだな。**

相続ソムリエ　私たちはプロですから、それぞれの方に合わせた提案をいたします。たとえば、AさんとBさんがまったく同じ資産を持っていたとしても、同じ提案ではうまくいきません。優柔不断な方には、私たちがリードしつつ、一緒に考えながらゆっくり進める。ご本人が納得して決断できる環境を整えることが大事です。

もちろん税理士との相性もあります。生前対策を通じて、安心して任せられる税理士を見つけておくといいでしょう。

桜 うちはやっぱり、ソムリエさんに任せたいよね。

相続ソムリエ そう言っていただけて、大変光栄です。

養子縁組を利用した生前対策には要注意

小百合 そういえば、いつか見たドラマで、生前対策のために養子縁組をするシーンがありました。ソムリエさんはどう思いますか？

相続ソムリエ 養子縁組を利用した生前対策については、注意が必要です。こんなケースがありました。Aさんには配偶者も子どももいましたが、どちらにも先立たれてしまいました。親御さんも既に他界しており、子どもには配偶者がいましたが、孫はいません。そこでAさんは、子どもの配偶者に財産を残そうとして養子縁組をしました。養子縁組をすると子どもの配偶者が相続人になり、相続人は１人です。一方でAさんには５人の兄弟がいました。子どもの配偶者を養子縁組しなければ、相続人は５人の兄弟となり、基礎控除も５人分が使えますよね。でも、相続人が子どもの配偶者１人だけになると、基礎控除も１人分です。

小百合　なるほど！　課税対象になる財産が増えてしまうのね。

桜　兄弟５人が相続人になる場合は、基礎控除の額は６０００万円。子どもの配偶者１人だけが相続人だと、３６００万円になりますね。

潤一郎　差は２４００万円か。さほど大きな差ではないようにも見えるが。

相続ソムリエ　いいえ、**相続税を計算する際には、相続人の数によって適用される税率が変わり、納税額に大きな差が出るんです**。ちょっと難しい話になりますが、相続税を計算するときには、財産から債務を引いた「課税遺産総額」を法定相続分で按分し、累進税率による税額計算を行うことにな

相続人の差による相続税額の差

例：基礎控除後の遺産総額　5,000万円

法定相続人：１人

5,000万円×20%－200万円＝800万円

法定相続人：５人

5,000万円×1/5（法定相続分）＝1,000万円
1,000万円×10%＝100万円
100万円×５人＝500万円

税額差
：800万円－500万円＝**300万円**

るためです。

相続人が5人であれば、相続財産を5人で分割したとして相続税を計算しますから、1人あたりの相続財産は少なくなり、適用される税率が低く済みます。ところが、相続人が1人の場合は、1人で財産を相続するため、適用される税率も高くなるんです。

小百合

相続財産の額にもよりますが、5人であれば適用される税率が10%で済んだにもかかわらず、1人では40%にのぼることもあるんですよ。

なるほど。お孫さんに財産を残したい気持ちはわかるけれど、税率が大きく上がってしまうんですね。

収益不動産の修繕はいつが有利か

潤一郎　資産が減れば減るほど、相続税の納付額が減るんですよね。収益不動産の修繕も、生前対策の一つといっていいんだろうか？

相続ソムリエ　その通りです。収益マンションの場合、建築後15年から20年程度で修繕を行いますが、マンションの周りに足場を組んで補修しますので、ある程度の費用がかかります。実際、私のお客さまでは、建築価格が10億円程度の収益マンションで、外壁の補修工事に９０００万円かかりました。

春樹　やっぱりそれくらいかかるんだな。預貯金が９０００万円減ったら、ずいぶん節税になりそうだ。

相続ソムリエ　収益不動産の修繕は相続発生前がいいか、相続発生後がいいか。その質問の答えは、やはり相続発生前、つまり生前です。

相続発生前に修繕をすると、9000万円は相続財産から除かれますから、課税対象金額が減ります。修繕が相続発生後になると、9000万円にも課税されることになります。税率が50％であれば4500万円しか残らず、その金額の範囲内で修繕をしなければなりません。

小百合　まとまった費用がかかるものは、生前対策だと言えそうですね。

相続ソムリエ　収益マンションの例を出してお伝えしましたが、**自宅のリフォームや建て替えも同じです**。相続発生前でも後でも、どちらでも実行できるなら、相続発生前に行っておくと、良い生前対策になるでしょう。体調を崩したりすると、修繕やリフォームのことを考える体力も減ってしまいます。お元気なときに対応することをおすすめします。

ただし、リフォームや建て替えで資産価値が増加したとみなされると、相続税評価額が増加します。マンションの修繕のように、拠出費用がそのまま相続財産から差し引かれるわけではありませんので、ご注意ください。気になることがあったら、いつでもご相談くださいませ。

潤一郎　なるほど。他にも何か、相続税対策のために事前に購入しておいたほうがいいものはあるのかな。

相続ソムリエ　縁起でもない、とおっしゃる方もいますが、仏壇や墓石を生前に購入しておくのも一つの手です。高額なものになると1000万円程度の支出になることもありますから。

なお、仏壇や墓は通常の財産とは異なり、相続税は非課税です。どんなに高額なものでも、仏壇や墓として使っているのであれば、税務調査の際も指摘されません。金の仏像を5000万円で購入していた場合などは、仏具の範囲を超えているとして相続税の対象となることもありますが……。

そのほか、生前にしておくといいこととして、**隣地との境界線の測量**が挙げられます。保有している土地の境界線がはっきりしていない場合には、土地家屋調査士に依頼して測量をしてもらう必要がありますが、複雑な土地の場合、50万円から100万円の費用がかかります。これを生前に済ませておけば、相続財産を減らせるだけでなく、相続人の負担を減らすことにもつながります。

桜　相続人の負担って？

相続ソムリエ　相続で取得後に土地を売却したいと思っても、境界線が確定していなければ売却できません。生前に境界線を確定させておくと、相続財産を減らせるだけでなく、相続人の金銭的・時間的負担を減らすことができます。

小百合　たしかに、相続が発生した後に測量から始めていたら大変ね。

●生前対策の第一歩は「資産の棚卸し」

生前対策を行うときは、財産リストの作成から始めるとよい。財産リストがないと、相続税の計算も、遺産分割の検討もできないため。「資産が少なければ少ないほど、相続税の納付額が減る」というのが基本的な考え方。相続発生後の修繕だと、税引後の手残りから修繕費を捻出することになってしまう。

●仏壇・墓の購入や隣地との境界線の測量も生前に

仏壇や墓の購入など、生前に済ませられるものは完了しておく。保有している土地の境界線がはっきりしていない場合には、土地家屋調査士に依頼して測量をしてもらう必要がある。測量によって相続財産を減らせるだけでなく、相続人の金銭的・時間的負担を減らすことにもつながる。

ソルベ
（口直し）

税務調査のこと

ソルベは氷菓、シャーベットなどのこと。
メイン料理を食べた後、口の中をスッキリさせるために供されます。
ここでは、ソルベのような気軽さで、
相続税申告後の税務調査について紹介しましょう

お口直しにレモンのソルベをお持ちしました
ちょうどさっぱりしたものがほしかったの
ソルベにもワインを合わせるの？
ええフローラルな白ワインと合わせると
ソルベの爽快感がひときわ増すはずですよ
ソルベを口に含んでからワインをお召し上がりください
まあ！
なんだかレモンの香りが増したみたいだわ
うーむワインは料理の知られざる力を引き出してくれるんだな
おっしゃるとおりです
それは相続についても同じこと
どのような対策がベストかのペアリングは相続によって異なります
ここで気分転換として税務調査についてお話ししましょう
税務調査……？
テレビでは見たことあるが……
税務調査はけっして他人事ではありません
口に残る爽やかな酸味とともに
国税庁のスゴ腕調査を味わっていただきましょう

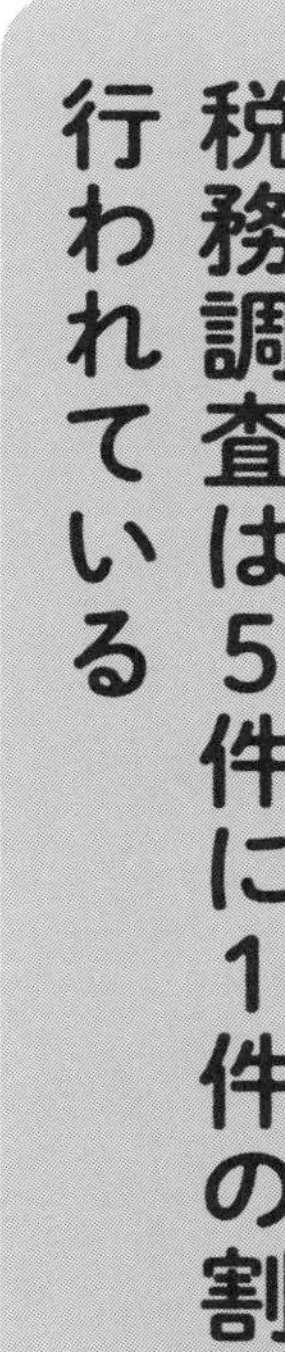

税務調査は5件に1件の割合で行われている

春樹　一般家庭に税務調査が入ることってあるんですか？

相続ソムリエ　もちろん。**相続税の申告の際には、税務調査を受けることを意識しながら準備を進めていく必要があります。**

まずは相続税の課税対象となる案件数から見ていきましょう。2015年の相続税法の改正によって基礎控除額が6割に縮小されたため、相続税の課税対象となるケースが増えました。改正前は、相続が発生した件数に対して申告が必要なケースは4・5%程度でしたが、改正後は8・5%程度に上昇しました。

綾子　対象者が、だいたい2倍になってるのね。

相続ソムリエ　はい。そして、対象者増加に合わせて税務調査の件数も増えているんですよ。

潤一郎　増えているって、いったいどのくらい増えているんだ？

相続ソムリエ　**改正前、相続税の税務調査件数は年間1万1000件程度でしたが、改正後は2万2000件程度に増えました。**

桜　これまた2倍！

相続ソムリエ　相続税の申告件数は年間約10万件ですから、**5件に1件、約20%が税務調査の対象になっている**んです。

春樹　思ったより多いぞ。

小百合　税務調査って、意外と身近なことなのねぇ。

税務調査の期間は1〜2日間

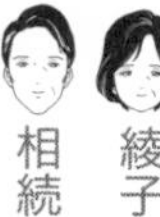

綾子
調査は、どのように進んでいくんでしょうか？

相続ソムリエ
税務調査の期間は一般的に1〜2日間です。
当日は朝10時から調査が始まります。最初の1時間程度は、被相続人がどんな人だったかのヒアリングが行われます。その後は、通帳の記録や申告書を見ながら、「これはどういう意味ですか」といった質問がなされます。
午後3時半頃になると、「今のところ調査結果はこうなっています」と伝えられます。そして「現状の問題点はここです」などと指摘があり、30分程度かけて、指摘を受けた問題点について話し合います。そこで解決すれば、1日で調査を終えることもできますし、問題が残れば確認に時間を要することもあります。

小百合　すごいわねえ。**短くても丸１日かかる**のね。

潤一郎　税務調査が入るような事態にならないよう、ソムリエさんのご協力を仰ぎながら準備をするとして……単なる好奇心からお聞きするのですが、国税庁はどうやってお金の動きを把握しているんでしょうか？

相続ソムリエ　国税庁には国税総合管理（ＫＳＫ）と呼ばれるシステムがあります。ＫＳＫは、全国の国税局と税務署をネットワークで結び、申告・納税のデータや各種情報を入力することで、**国税関連の情報を一元的に管理する**ものです。

小百合　ハイテクねえ。

相続ソムリエ　被相続人をＡさんとすると、国税庁はＫＳＫによって、Ａさんがそれまでどんな確定申告をしてきたか、専従者給与（身内への給与）として妻のＢさんにどれだけの給与を支払ってきたか、その結果、Ａさん、Ｂさんにはどれくらいの資産が積み上がっているかを把握しています。

綾子　**すべて知られている**のね。後ろ暗いことはないけど、ドキドキするわ。

春樹　Aさんが亡くなったとき、国税庁はどんなふうに動くんですか？

相続ソムリエ　まずは「おそらく3億円ほどの現金を持っているはず」「現金がなければ不動産に変わっているはず」などと推定します。
ところが、相続税の申告があったタイミングで財産の内容を見ると、1億円しか申告されていなかったとしましょう。すると「2億円はどこへいったのか」となり、子どもに贈与したのか、配偶者に渡したのか……などと想像します。それを確認するため、税務署は相続人である配偶者や子どもの預金口座を調べます。

桜　すごい、探偵みたい！　なんでもわかるんですね。

相続ソムリエ　**税務署は、銀行口座の動きを職権で調べることができます**。銀行に記録された過去10年間の預金の出し入れを調べ、2億円の行方がわからなければ、「どこかに隠し持っているのだろう」と推定するでしょう。「自宅の金庫にあるのでは？」と考えるかもしれませんね。

このように、**税務署が「怪しい」と思った申告が税務調査の対象となります。**

潤一郎　素晴らしい仕事ぶりだ。悪いことはできないな。

小百合　そういう案件だと、やはり相続人が悪意を持って財産を隠すことが多いんでしょうか？

相続ソムリエ　もちろん擁護はできませんが、悪意というより、子や孫に少しでも多く資産を残してあげたい一心で……ということが多いですね。あるいは、認知症の親の代わりに通帳やカードを預かっていた子どもが、無断で自分の口座に預金を移していたというケースもあります。

桜　なるほど。それは預金口座を調べるとすぐにわかりますよね。

調査官は遠回しな質問で外堀を埋めてくる

小百合　税務調査では、どんな質問をされるんですか？

相続ソムリエ　当たり前ですが、「2億円をどこに隠しているんですか」といったストレートな質問はされません。**「ご主人はどういうものにお金を使っていましたか」**などと遠回しに聞いてきます。

そのときに相続人が「ギャンブルは一切しません」とか「ほとんど趣味もないので、散財もしない人でした」などと答えると、調査が進んだ段階で「我々の計算ではAさんの資産は3億円近いはずですが、1億円しか申告されていません。2億円はどこにいったのですか」と追及されるのです。既に散財やギャンブルの言い訳は封じ込まれているので、逃げ道がなくなっています。

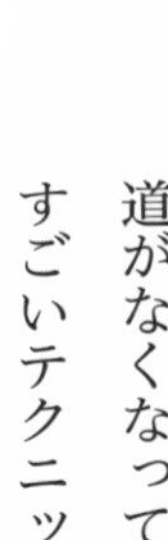

桜　すごいテクニック！　どれだけ隠そうとしても、きっとばれちゃうわね。

相続ソムリエ　すごいですよね。最初は被相続人について「生前はどんな方でしたか？」といった質問でやわらかくスタートしますが、**ちょっとした雑談に見えても無駄な質問はほとんどありません**。質問の背景にはちゃんと意図があるのです。

また、調査官の1人が質問をして、もう1人がメモを取るなどといった役割分担があります。実はこのとき、**相続人の表情の変化も漏れなく記録されている**んですよ。

綾子　高度な心理戦が繰り広げられているんですね。

税務調査があればほとんどが追徴課税の対象となる

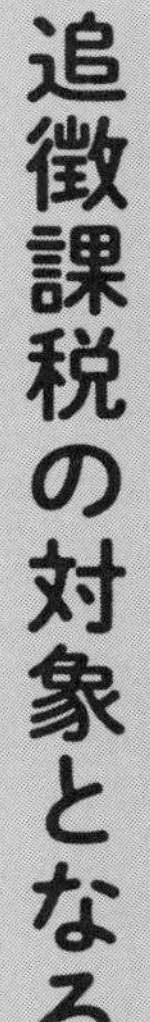

綾子　税務調査が行われるケースでは、どれくらいの割合で追徴課税になるんですか？

相続ソムリエ　**85％程度**です。**税務署は、相当な下調べをし、確信を持って調査に臨んでいる**んだと思いますよ。

春樹　すごい、敏腕ですね。

相続ソムリエ　たとえば、土地の評価に関して、定規を使って手書きされた図面で計算をしたような資料が付いているだけであれば疑われやすくなります。一方で、1つの土地に対して複数の資料が提示されている申告書は調査されにくいと考えられます。

潤一郎

追徴課税っていうのは、払えていなかった税金を補填するようなイメージですか。それとも罰金のようなものがあるのか……。

相続ソムリエ

両方です。追徴課税そのものは、本来支払うべき税額に対して、不足していた分を支払うことです。その金額に、過少申告加算税などの罰金が加算されることになります。特に悪質な場合は、重加算税が課されることもあるんですよ。

相続ソムリエ

調査官が税務調査に訪れたときには、リビングやトイレなどに掛けられているカレンダーをチェックします。銀行の名前が入ったカレンダーであれば、その金融機関に口座を保有している可能性があるからです。その金融機関の口座が申告書に出ていなければ怪しいというわけです。

桜

ドラマに出てくる警察の捜査みたいですね。

相続ソムリエ

生命保険の保険金の場合は「計上を忘れていた」ということもあり得ますが、預金の場合は「忘れていた」といった言い訳は通用しにくく、重加算税の対象となりやすいと言えるでしょう。

申告漏れ相続財産の金額の推移

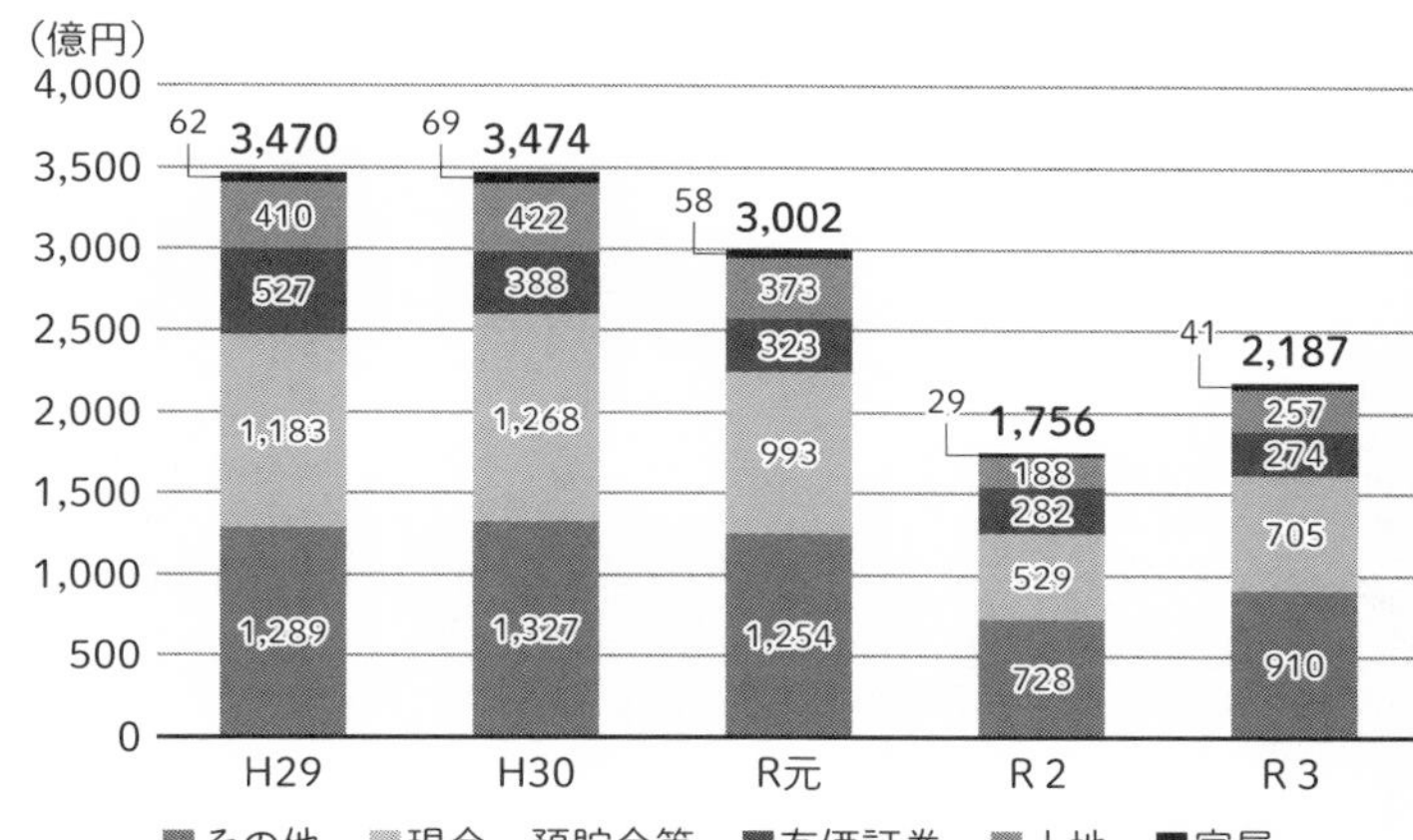

出典：国税庁「令和３事務年度における相続税の調査等の状況（令和４年12月）」をもとに作成

申告漏れ相続財産の金額の構成比の推移

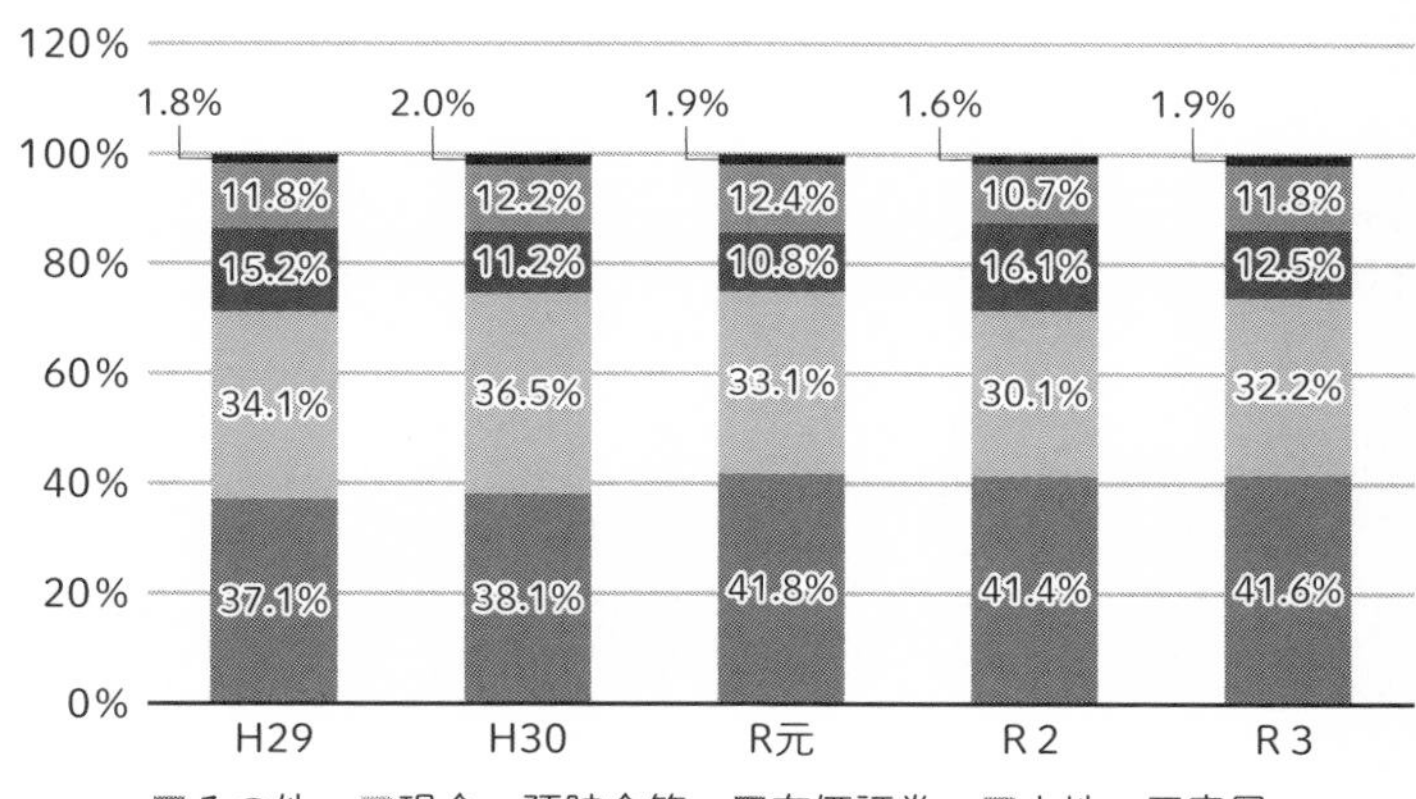

出典：国税庁「令和３事務年度における相続税の調査等の状況（令和４年12月）」をもとに作成

税務調査に慣れている税理士に依頼するのが大事

相続ソムリエ　さんざん脅かしてしまいましたが、税務調査そのものはよくあることです。実際の税務調査では、相続人が質問に回答するのは1割程度。一般的に、9割は税理士が対応します。仮に税務調査が入った場合の対応もしっかりさせていただきますので、ご安心くださいね。

小百合　税務調査が入らないのが理想とはいえ、万が一調査の対象になってしまったときは、税理士の先生にお願いするのがいいのね。

相続ソムリエ　**「万が一、税務調査の対象となってしまったら……」というところまで考えて、生前対策の相談相手を選ぶことをおすすめしたい**ですね。

税務調査が入ることになって初めて、私どもに相談にいらっしゃる方もいます。相続税の申告書は別の税理士が作成していて、「税務調査だけ対応してほしい」とのご依頼です。

綾子

税理士さんに相談をしていても、税務調査の対象になるなんて……。相談していた税理士さんに不信感を抱いてしまうのは当然よね。

相続ソムリエ

お察しの通りです。税務調査の対象とならないような申告をすること、仮に調査が行われた場合でも、**安心して任せられる税理士をパートナーにすることが重要**です。

●国税庁は「KSK」で資産の動きを把握している

国税庁には国税総合管理（KSK）と呼ばれるシステムがある。国税庁はKSKによって、被相続人がそれまでどんな確定申告をしてきたかや、被相続人・相続人にどれくらいの資産が積み上がっているかを把握している。

●税務調査が入ると、高い確率で「追徴課税」になる

税務調査が行われるケースでは、85％程度が追徴課税になる。

●安心できる税理士をパートナーに

相続対策では、税務調査の対象とならないような申告をすることと、調査が行われた場合でも、安心して任せられる税理士をパートナーにすることが重要。

5

ヴィヤンド
（肉料理）

遺言書・贈与のこと

ヴィヤンド（肉料理）は、
ポワソン（魚料理）と並ぶディナーの主役。
第５章では、生前対策の核である
「遺言」と「贈与」について紹介します

相続のスペシャルメニューもいよいよ佳境

遺言と贈与です

ドラマや小説ではお馴染みの話題だな

遺言と贈与は多くの方が「なんとなく」知っている生前対策でしょう

ただそれぞれに細かいルールがあるためお客さまに詳細をご案内すると

「知らなかった」「そうだったんだ！」とおっしゃる方が多いんですよ

ただ書いたりお金を渡したりするだけではダメなのか？

せっかく生前対策をするのですからルール違反などで失敗することのないよう丁寧に説明いたしますね

酔っ払わないようにしっかり聞かなくちゃね

遺言書には3種類ある

潤一郎　そもその質問なんですが、先程おっしゃっていた通り、遺言書にはルールや決まった形式があるんだな。

相続ソムリエ　はい。遺言書には形式要件があります。**形式要件を満たさない遺言書は無効になることもあるんですよ**。相続人のためを思って作った遺言書が無効になってしまっては意味がありませんから、専門家からアドバイスを受けながら作成することをおすすめします。

小百合　ここで全部覚えられるとは思わないけれど、形式要件を教えていただけるかしら？

相続ソムリエ　まず、遺言書には3種類あります。**自筆証書遺言、公正証書遺言、秘密証書遺言**の3つです。

桜　名前からなんとなく意味が想像できるかも？

相続ソムリエ　ご想像の通りだと思いますよ。それぞれ作り方が違うんですが、簡単な概要から説明していきましょうか。
まずは「自筆証書遺言」。この遺言書は、**全文を自筆で書くもの**です。
次に「公正証書遺言」。**専門家が作成・保管してくれる遺言書**です。
最後に「秘密証書遺言」。**遺言書の存在を証明した上で、その内容は秘密にしておけるもの**です。

桜　だいたいイメージした通りだわ。

相続ソムリエ　それぞれの作り方を紹介しましょう。

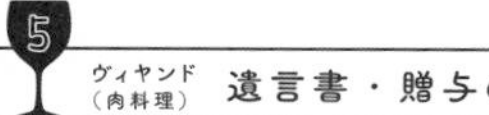

①「自筆証書遺言」の作り方

相続ソムリエ　まずは自筆証書遺言の作り方です。自筆証書遺言の形式要件には、次のようなものがあります。

- 「遺言書」と明記する
- 全文直筆で書く
- 消せない筆記具（ボールペンなど）で書く
- 末尾に作成年月日を書き署名捺印する
- 相続人を特定できるように書く
- 相続財産を特定できるように書く
- 相続人それぞれの相続分をわかりやすく書く

・遺言執行者の名前を書く
・封筒に入れて封をし、押印する

綾子
だいたい納得の内容ですが、作成した年月日を書くのはなぜですか？

相続ソムリエ
自筆証書遺言は、いつでも新しく書き直せるからです。内容をアップデートした際、古い遺言書を破棄しないと、どれが最新で有効なものなのかわからなくなってしまいますよね。そこで、有効な遺言書を判断できるよう、作成した日付を書いておくんですよ。

さらに、作成年月日は、遺言書を書いたときに被相続人に責任能力があったかどうかを判断する際にも使われます。

潤一郎
遺言書を書いたときに、被相続人が重度の認知症になっていたら、遺言書の内容に疑いが生まれるからか。その場合は、遺言書は無効になるんだろう？

相続ソムリエ
遺言書が認められないこともあります。

小百合　「遺言執行者の名前を書く」とありましたが、遺言執行者って誰のことですか？

相続ソムリエ　相続に関わる事柄などがすべて遺言書の通りに執行されるように管理する責任者のことです。親族でもかまいませんが、最近は税理士をはじめとして、弁護士や司法書士などの士業を指名される方も多くいらっしゃる印象ですね。親族が遺言執行者になると他の相続人と利害関係が生まれることもありますし、遺言通り相続したい場合は専門家に任せることをおすすめします。

春樹　ソムリエさんにお任せできれば安心だね。

潤一郎　自筆証書遺言を書いたら、どこに保管するのだろうか？

相続ソムリエ　**わかりやすい場所に保管するのが第一**です。紛失してしまったり、被相続人が亡くなった後、残された遺族が見つけられなかったりしたら、遺言書を作った意味がないですからね。

綾子　「遺言書は仏壇の引き出しに入れておくからね」などと、生前に公言し

ても問題ないんでしょうか。

相続ソムリエ　もちろんです。むしろ、**身近で信頼できる親族には、遺言書の内容と保管場所を伝えておくことをおすすめします。**

桜　被相続人が亡くなった後は、遺言書を見つけた人が開封していいの？

相続ソムリエ　いいえ。**自筆証書遺言の場合は、執行する前に家庭裁判所の「検認」を受ける必要があるんですよ。**

小百合　検認？　初めて聞く言葉ね。

相続ソムリエ　**検認とは、遺言書が法的に有効かどうかを家庭裁判所がチェックすることをいいます。**内容に漏れやおかしなところはないか、本当に本人が書いたものかどうかなどを家庭裁判所が調べます。その結果**「ＯＫ」と認められてはじめて、自筆証書遺言は有効になります。**

綾子　なんだか難しいのね。せっかく書いたのに無効になるかもしれないなんて……。

潤一郎　ソムリエさんに見てもらいながら書かないと、うっかりミスをしそうだ。

相続ソムリエ　いつでもご相談ください。「難しそう」「紛失してしまいそう」と心配な方の中には「公正証書遺言」を利用する方もいらっしゃいますよ。

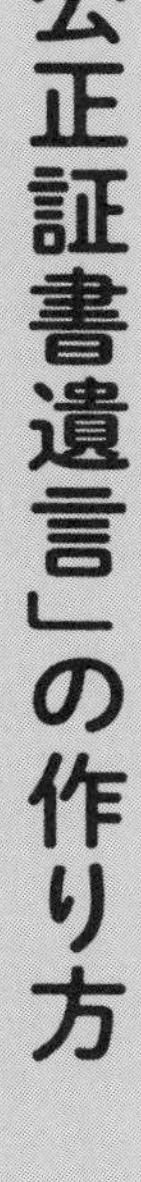

②「公正証書遺言」の作り方

桜　公正証書遺言は、専門家が作成・保管してくれる遺言書でしたね。

相続ソムリエ　桜さん、よく覚えていましたね！　公正証書遺言は、公証人という専門家が遺言者の意思を汲んで遺言書を作成し、保管もしてくれるものです。**書き間違いや漏れがあって法的な効力が失われたり、紛失したりする危険性がないので、安心**なんですよ。

春樹　公正証書遺言はどこで作れるんですか？

相続ソムリエ　**遺言者本人と2人以上の証人が一緒に公証役場を訪れる**ことで作れます。

小百合　遺言者が自分の意思や計画を口頭で説明し、公証人がアドバイスなどをしながら遺言書の形にしていきます。書面が完成したら、遺言者と2人以上の証人が内容を確認し、署名捺印をして完了です。

公証役場というところに行かないといけないのね。お年寄りには大変じゃないかしら？

相続ソムリエ　万が一、病気やケガで入院している場合には、公証人が病院や高齢者施設、自宅などに出張してくれますよ。

潤一郎　とはいえ、早く取り掛かるに越したことはないな……。

綾子　保管もお願いできるならますます安心ですね。

相続ソムリエ　はい。遺言書の原本が公証役場で保管され、遺言者には正本（原本とまったく同じ内容のもの）が渡されます。万が一、正本をなくしてしまっても、公証役場に原本が保管されているため、再発行することができます。

綾子　公正証書遺言も、家庭裁判所でＯＫをもらわないと効力が発生しないんですか？

相続ソムリエ　いえ。**既に法的効力を持つよう作成されているので、家庭裁判所の検認は不要です**。

春樹　時間や手間がかからないのはメリットだね。コスト的にはどうかな？　つまり、公正証書遺言の作成にどのくらいの費用がかかるのか……。

相続ソムリエ　公証人の手数料や証人の日当などを支払う必要があります。公証人の手数料は、相続財産が多額になるほど値段が高くなる仕組みです。相続財産が3000万～5000万円なら、公証人の手数料は3万円程度だと思っておくといいでしょう。

小百合　証人はどういう人に頼むものなんでしょう。

相続ソムリエ　ご家族でも、ご友人でも、未成年者や推定相続人以外でしたらどなたでもかまいませんよ。証人には遺言書の内容を知られてしまいますので、守秘義務がある税理士に頼むのも一つの手です。

③「秘密証書遺言」の作り方

桜　もう一つの「秘密証書遺言」も気になります！　遺言の存在を秘密にするっていうことですか？

相続ソムリエ　簡単にいえば、**遺言書の存在を証明したうえで、内容を秘密にしておけるという遺言書**です。あらかじめ作成しておいた遺言書に封をして、証人２人以上とともに公証役場に持参し、公証人にその存在を証明してもらいます。

綾子　なんだか公正証書遺言と似ているような……？

相続ソムリエ　公正証書遺言との違いは、証人・公証人とともに内容を確認しないため、誰にも内容を知られずに済むことです。

潤一郎　内容の確認が必要ないんですね。つまり、内容を秘密にできる代わりに、

相続ソムリエ　法的に無効になる可能性もある……ということですか。

その通りです。**公証人が文面をチェックできないため、間違いや漏れが発生し、法的に無効となってしまうリスクがあります。**

小百合　保管は、公証役場でしてもらえるんですか。

相続ソムリエ　いえ。保管も遺言者自身が行うことになります。

春樹　自筆証書遺言と同じく、家庭裁判所の検認を経て有効になるということですね？

相続ソムリエ　その通りです。**証人にも公証人にも遺言書の内容を知られずに済む一方で、無効になったり紛失してしまったりするリスクがある方法**だと言えるでしょう。

遺言書の種類

	自筆証書遺言	公正証書遺言	秘密証書遺言
メリット	・費用がかからない ・いつでも自由に書くことができる ・保管制度を利用すれば紛失や改ざんの心配はない	・公証人が作成するため、本人の意思が明確 ・無効、紛失、偽造の恐れがない ・遺言者の死後、遺言書の有無が検索できる	・代筆、パソコンでも作成可能 ・内容を秘密にしたまま遺言書の存在を証明できる
デメリット	・全文を手書きする必要がある（ただし、財産目録はパソコンなどで作成可能） ・形式の不備で無効になる恐れがある ・紛失、破棄、偽造・変造、隠匿される可能性がある ・遺言書が発見されない可能性がある	・公証役場へ出向いて作成する必要がある ・制作には数万円の費用がかかる ・内容を秘密にできない	・公証人の証明が必要 ・公証人の証明のための費用がかかる ・形式の不備により無効になる可能性がある ・紛失、隠匿の恐れがある
証人	不要	２名以上必要	２名以上必要
検認	必要（保管制度を利用した場合は不要）	不要	必要

制度改正で遺言書は書きやすくなっている

小百合　なんとなく想像してはいたけれど、遺言書を書くには、手間も費用もかかるのね……。

相続ソムリエ　やはり負担に思われますよね。でも、制度改正によって、以前よりも遺言書を残しやすくなっているのも事実なんですよ。

たとえば、自筆証書遺言は自分で保管しておくため、紛失などのリスクがありますよね。紛失しないよう、金庫などで保管していたとしても、遺言書の形式要件を満たしていないために無効になってしまうこともあります。

ところが、２０２０年度の制度改正によって、３９００円支払えば、法務局で保管してもらうことができるようになったんです。これを**「自筆証書遺言書保管制度」**と呼びます。

潤一郎　それなら安心だ。引っ越しや災害も起こり得るからな。

綾子　紛失したり、無効になったりすることを防止するには、公正証書遺言を利用すればいいとわかっているけれど。やはり手間と費用がかかりますものね。自筆証書遺言で完結するなら、それがいいわ。

相続ソムリエ　そうですね。保管制度を利用すれば、費用はほとんどかかりませんから、利用されてもいいかもしれません。最近は終活に関心を持つ人も増え、その一環として「自筆証書遺言を書きたいけど、どうすればいいか」というご相談を受ける機会も増えてきましたよ。

自筆証書遺言書保管制度を利用する場合の、民法で定められた自筆証書遺言の要件

遺言書保管制度を利用する場合の要件	
①	・遺言書の全文、遺言の作成日付及び遺言者氏名を、必ず遺言者が自書し、押印します。 ・遺言の作成日付は、日付が特定できるよう正確に記載します。 例)「令和３年３月吉日」は不可(具体的な日付が特定できないため)。
②	財産目録は、自書でなく、パソコンを利用したり、不動産(土地・建物)の登記事項証明書や通帳のコピー等の資料を添付することができますが、その場合は、その目録のすべてのページに署名押印が必要です。
③	書き間違った場合の訂正や、内容を書き足したいときの追加は、その場所がわかるように示した上で、訂正又は追加した旨を付記して署名し、訂正又は追加した箇所に押印します。

出典：法務省ホームページ内容をもとに作成

自筆証書遺言書保管制度にも落とし穴がある

小百合　自筆証書遺言を書いて、法務局で保管してもらう。費用や手間を考慮すると、この方法が良さそうですけど、デメリットはないのかしら？

相続ソムリエ　デメリットもあります。「自筆証書遺言書保管制度」では、法務局に預ける際に、自筆証書遺言の要件を満たしているかどうかを確認してもらえるんですが……。

春樹　それなら安心だな。

相続ソムリエ　いえいえ。「法務局で確認してもらえるから大丈夫」と、税理士に相談することなく遺言書を書いて保管するケースが増えたんです。公正証書遺言の場合は、証人が2人必要ですから、そのうちの1名は税理士になることが少なくありません。その際、税理士が「遺言の内容に不都合がないか」を確認して、揉めごとにつながりそうであれば、アドバイスすることができます。
一方、**自筆証書遺言で保管制度を利用すると、税理士が税務的な観点から内容をチェックする機会がありません。**となると、形式要件は満たしていたとしても、相続人同士の揉めごとを招いたり、相続税の支払いで損をしたりするような内容が含まれているかもしれませんよね。

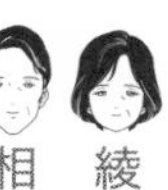

綾子　それは大変だわ。税理士さんにきちんとチェックしてもらわないと。

相続ソムリエ　はい。保管制度を利用する前に、相続税に詳しい税理士のチェックを受けることをおすすめします。

桜　いったん法務局に預けると、もう取り出すことはできないんですか？

相続ソムリエ　いいえ、取り出して見直すことは可能ですよ。少し手間はかかりますが、**預けた後であっても、税理士のチェックを受けたほうが安心**です。取り出して再度保管してもらうにはもう一度3900円かかりますが、その金額で将来の揉めごとを避けることができるなら、高くないでしょう。

相続税対策の第一歩は財産の棚卸し

潤一郎

生前対策の第一歩は財産の棚卸しだとおっしゃっていましたね。財産の棚卸しは、遺言書を書くうえでも必要そうだ。

相続ソムリエ

おっしゃる通りです。**相続税対策を始める方にまずおすすめするのは、財産の棚卸しです**。ご本人の財産がいったいどの程度あるのかを洗い出して、一覧表にして把握しましょう。財産の棚卸しができると、相続人の数からおおよその相続税額を計算することができます。ここまでできると、分割方法のアドバイスを差し上げやすくなるのです。

たとえば、自宅の土地の相続税評価額を一定面積分まで8割引にできる

「小規模宅地等の特例」があります。この特例が利用できれば、相続税がかからなくなることもあります。

小百合

小規模宅地等の特例……。スープをいただきながらうかがったお話ね。「夫にもしものことがあったとき、妻は今の家に住み続けることができるのか？」という心配を解決してくれる制度だったはずだわ。

相続ソムリエ

小百合さん、正解です！　少し復習いたしましょう。

小規模宅地等の特例とは、**一定の要件に当てはまる土地については、評価額を非常に減額できる**制度のことです。

小規模宅地等の対象になる土地は3種類。**「自らの居住に使っていた土地」「事業に使っていた土地」「賃貸していた土地」**です。居住している土地であれば、評価額の80％が下がります。5000万円の土地なら、小規模宅地等の特例が適用されれば1000万円になるという計算でしたね。

桜

思い出した！　小規模宅地等の特例が適用されるかどうかで、相続税の

相続ソムリエ

支払いの有無が決まる家庭も多いということでしたよね。

覚えていてくださってうれしいです、桜さん。

小規模宅地等の特例を利用するには、いくつか条件があります。たとえば、被相続人と同居しておらず、自分が所有する家屋に居住していた長男が自宅を相続するようなケースでは、この特例は利用できません。これを知らずに遺言書を作成してしまい、遺言の通りに遺産を分割すると、特例が利用できないことも。

春樹

えっ！　そんなことがあり得るんですか。

相続ソムリエ

そうなんですよ。自宅の土地の場合、特例が利用できると330㎡までは相続税評価額が8割減になります。利用できれば相続税がかからなかったにもかかわらず、利用できなかったために全額が相続税の課税対象になってしまったというケースもあり得るのです。

潤一郎

なるほど。プロに頼らず、自分だけで遺言書を用意していては、きっと見落としてしまうな。

桜　なんてもったいない……。

相続ソムリエ　もったいないですよね。遺言書を書く時点で専門家に相談していれば、特例をうまく活用しながら遺産分割できる内容に仕上がったはずです。

小百合　**自分の思いだけで遺言書の内容を決めてしまうと、結果的に相続人が苦労することもあるのね……**。やっぱりプロに相談するのが安心だわ。

相続ソムリエ　遺言書があっても、相続人全員が合意していれば自由に遺産を分けることができます。一方で、一人でも反対すると、遺言書通りの分割になります。相続人はそれぞれが別の家庭を持っていて、異なる事情を抱えていますから、全員が合意するのは簡単ではありません。

ですから、遺言書を作成する際は、やはり専門家のアドバイスを受けることをおすすめいたします。遺言書をどんな内容にするか、相続に詳しい税理士とともに考えていきましょう。最新の制度を活用して、有利になる方法をお伝えします。

遺言書の様式例

余白5ミリメートル以上

遺　言　書

1　私は、私の所有する別紙1の不動産を長男遺言一郎（昭和○年○月○日生）に相続させる。

2　私は、私の所有する別紙2の預貯金を、次の者に遺贈する。
住　　所　○○県○○市○○町○丁目○番地○
氏　　名　甲山花子
生年月日　昭和○年○月○日

3　私は、この遺言の遺言執行者として、次の者を指定する。
住　所　○○県○○市○○町○丁目○番地○
職　業　弁護士
氏　名　東京和男
生年月日　昭和○年○月○日

令和2年7月10日

住所　○○県○○市○○町○丁目○番地○

遺　言　　太　郎　㊞

上記2、3字削除3字追加　遺言太郎

1/3

余白20ミリメートル以上

余白5ミリメートル以上

余白10ミリメートル以上

※書き直しが必要となりますので、余白部分には一切何も書かないでください。

配偶者は相続財産が1億6000万円まで非課税

春樹　プロしか知らない節税方法や最新の制度がたくさんあるんだろうな。

相続ソムリエ　そうですね。もう一つ、節税効果の大きい制度に「配偶者の税額軽減」があります。これは、配偶者が相続した財産のうち、

（1）　1億6000万円
（2）　配偶者の法定相続分相当額

のいずれか多い額までは相続税がかからないという制度です。相続開始のときに配偶者がほとんど資産を保有していない場合に非常に効果的な

制度です。

綾子 配偶者が莫大な財産を保有している場合には？

相続ソムリエ その場合、配偶者の税額軽減を利用してしまうと、配偶者が亡くなったときの相続税が高額になってしまいます。

春樹 どういうことですか？

相続ソムリエ 亡くなった被相続人とその配偶者は年齢が近いことが多いため、相続人である配偶者自身の相続も近いうちに発生すると予想されますよね。配偶者がもともと莫大な財産を持っているうえ、被相続人からの一次相続でたくさん財産を得ると、配偶者の税額軽減が使えない二次相続で課される相続税が大きくなってしまうんです。

春樹 なるほど。配偶者の子どもが苦労することになるんですね。今のお話でなんとなく予想できましたが、「一次相続」と「二次相続」ってどのようなものですか？

相続ソムリエ 相続には「一次相続」と「二次相続」があります。

「一次相続」とは、両親のいずれか一方が亡くなったときに発生する相続のこと。「二次相続」とは、残された親が亡くなったときの相続のことを指します。

綾子　先程の例だと、最初の相続が一次相続。配偶者が亡くなったときに発生するのが二次相続ですね。

相続ソムリエ　その通りです。意外と忘れられがちな観点ですが、遺産分割を考える際には、**一次相続と二次相続の合計相続税額を試算し、最小化できる方法を考えて遺言書に残さないと、子孫が苦労をすることになりかねません。**
いくら良さそうな節税策でも、お子さんに思わぬ苦労をかけてしまってはつらいですよね。そう、いくら高級な料理と高級なワインであっても、相性がよくないことがあるように。

桜　ソムリエさん、素敵なたとえ！

綾子　中長期的な戦略を考えるには、プロのアドバイスが必須ね。

遺言書は二次相続まで見越して書く必要がある

小百合　二次相続のお話、おもしろいわね。もう少し詳しく聞きたいわ。

相続ソムリエ　承知しました。相続が発生してからでは、できる対策も限られます。遺言書を作成する段階から、しっかりと考えておく必要があるのです。特に最近は相続の書籍やウェブ記事などを読んで、付け焼き刃的な知識を身につける人も多くなりました。専門知識のない人の勝手な判断で遺言書の内容を決めてしまうと逆効果になる可能性がありますので、注意してほしいと願うばかりです。

綾子　せっかく書いた遺言書が、逆効果になるなんて……。

相続ソムリエ　言い換えれば、遺言書の内容は、それだけパワーの強いものなんです。

相続が発生した後は、原則として遺言書の内容は覆すことはできません。遺言書に書かれた遺産分割の内容が優先されます。

もちろん先程お伝えしたように、相続人全員が合意すれば、必ずしも遺言書の内容に従う必要はありません。しかし、**誰もが納得する分割を、しかも短期間のうちに完了させるのは難しいものです。**やはり、**遺言書を書く際に、一次相続から二次相続まで見越した内容にしておく**のがいいでしょう。

潤一郎　なかなかレベルの高い話だ。

相続ソムリエ　プロに相談するのが一番いいですが、被相続人の方にできることは、**「相続が発生したときに何が起こるかを知っておくこと」**です。相続はいつか必ず発生します。相続発生時にどんなトラブルが起こり得るかを知れば、打つべき対策も自然と見えてくるでしょうし、被相続人と相続人の間でしっかり方向性を共有しておく必要があることも理解できるでしょう。

相続人の希望を聞くことも重要

春樹　「被相続人と相続人の間でしっかり方向性を共有しておく必要がある」とはどういう意味ですか？

相続ソムリエ　意外だと思われるかもしれませんが、**遺言書を書く際には、各相続人の希望を聞くことも重要**なんです。

潤一郎　それは意外だ。被相続人の意思や気持ちだけで決めてしまっていいのかと思っていたが。

相続ソムリエ　その側面もあるのですが、**相続の際の遺産分割は、相続人の将来の生き方にも関わってくる**ことです。相続人にこれからどんな生活を送ってほしいのか。遺言書を書く際には、それを最優先で考えることが、残された家族の幸せにつながるのではないでしょうか。

小百合　相続人にどんな生活を送ってほしいか、ですか？

相続ソムリエ　親子であっても、子どもがどう暮らしていきたいか、どんな夢があるのかを正確に理解できている家庭は少ないでしょう。春樹さんのように、独立して家庭を築いていらっしゃるならばなおさらです。
まずは、**配偶者や子どもたちがどうしたいのか、ライフプランを聞き、それを実現するための遺産分割を考えるのが理想**です。そのうえで、納税資金が不足しないかを検討します。問題なく納税できれば、理想的な相続となるでしょう。

綾子　なるほど。難しく感じましたが、実はシンプルですね。

相続ソムリエ　はい。もちろん、節税することで納税額を減らせれば、相続人に残す資産を増やせて、被相続人も相続人もハッピーでしょう。

小百合　やっぱり、節税を最優先にするのが賢いのかしら。

相続ソムリエ　そうとは限りません。**節税を最優先にすると、相続人の希望が後回しにされ、〝争続〟になってしまう**こともあります。まずは、家族が望む遺産分割が可能か、その場合、納税資金は足りるかを考えるべきなのです。その意味では、各相続人が将来のビジョンを考え直すきっかけになるのが相続であるともいえます。相続をゴールのように捉える方も多いのですが、その後も相続人の人生は続いていくわけですから、引き継いだ資産を活用して豊かに暮らしていくためのスタート地点だと考えていただけたらと思います。

遺言書の付言事項を上手に活用する

小百合　遺言書って、事務的な書類ですよね。相続人への思いを伝えたいと思ったら、別でお手紙を添えたりしてもいいんでしょうか。

相続ソムリエ　生前対策として遺言書を書く場合には、「付言事項」を上手に使うといいでしょう。**付言事項とは、家族への感謝や希望など、被相続人の気持ちを伝える手紙のようなもの**です。

付言事項は、遺言のように財産の分割方法について、法的な効力を持つものではありません。ですが、**家族間の相続トラブルを防ぐ働きをしてくれることもある**のです。

私が過去に経験したケースをご紹介しましょう。

Aさんはオーナー企業の経営者で、お子さんは2人、長男と次男がいました。長男は海外赴任中のため、家業は次男が引き継ぐことになりました。Aさんは次男に会社の株式を相続させる遺言書を書き、付言事項として気持ちを記しました。

次男が家業を引き継いでくれるわけですが、もしかすると将来、経営が立ち行かなくなることもあるかもしれません。その場合には、次男が資金調達をする必要があります。Aさんはそのときのことを考えて、「次男には、会社の株式はもちろん、預貯金も多めに残そう」と考えました。

Aさんの思いやりを感じるエピソードですが、長男にしてみれば、「なぜ弟ばかり優遇するのか」という不満を感じてしまうかもしれません。そこでAさんは付言事項に「次男には会社と従業員を守ってほしい。資金繰りが厳しくなったときのために預貯金を多めに残したい」と記しました。長男と次男は、父親の深い愛情を感じ、円満に相続を終えました。またAさんは、長男と次男の配偶者にも感謝の気持ちを残していました。

小百合　素敵だわ。付言事項を使えば、遺産分割の裏にある思いをきちんと伝えることができるのね。

綾子　亡くなった方がどんな思いで遺言書を作ったのかが伝わってきますね。残された家族としては、うれしいはずよ。

相続ソムリエ　素敵ですよね。特に二次相続では、相続人の配偶者が反対意見を述べて揉めてしまうことも多いのですが、**付言事項に感謝の気持ちが記されていると、そうした揉めごとも自然と少なくなります**。

桜　付言事項には何を書いてもいいんですか？

相続ソムリエ

何を書くかは自由ですし、形式の制約もありません。日常生活の中では、感謝の気持ちを表す機会はなかなかないものです。面と向かって言い出すのは照れくさかったりもするでしょう。その意味でも付言事項を有効に活用して、最後のメッセージを残すのはおすすめですね。**ちょっとした工夫をするだけで、円満な相続が実現する**のですから。

付言事項の正しい書き方例

付言事項

たくさんの家族に囲まれ幸せな人生でした。

私亡き後は、お母さんが一人になってしまいます。住んでいる家はお母さんにお願いしたいと思っていますが、お母さんも高齢ですのでみんなでお母さんを支えてあげてください。

遺言 太郎

自筆証書遺言書を作成する場合、付言事項はパソコンで作成することはできない。自書する必要がある

出典：東京法務局ホームページ内容をもとに作成

遺言書は何度でも書き換え可能

春樹 先程自筆証書遺言のお話のところで、遺言書は何度でも書き換えられるとうかがって驚いたよ。

綾子 あらっ。そんなお話、あったかしら。

春樹 書き換えた後、どれが最新で有効な遺言書かわかるように、作成年月日を書いておくというお話があったぞ。

相続ソムリエ 春樹さん、よく覚えていてくださいましたね。

「遺言書は一度書いたら永遠に変更できない」と思い込んでいる人が少なくないのですが、実際には何度書き直してもかまいません。

複数の遺言書があった場合には、日付が新しいほうが優先されます。極端なことを言えば、毎日、遺言書をアップデートしてもいいのです。そう気楽に考えれば、遺言書を書くハードルが下がるのではないでしょうか。

潤一郎　たしかに、気軽な気持ちで書けそうだ。

小百合　想像したくないけど、明日倒れる可能性もあるんだから、できるだけ早く1回目に挑戦したほうがいいわね。

相続ソムリエ　小百合さんのおっしゃる通りです。早い段階で、一度書いてみることをおすすめします。

中には、遺言書を遺書と勘違いしている人もいます。遺書は、自分の気持ちを伝えることを目的として、相続人に対する希望などを記すものです。一方で遺言書は、自分の保有している財産・債務をどう相続させるかの指示書にすぎません。遺書とはまったく目的が異なります。

潤一郎　なるほど。よく考えてみれば別物だが、混同してしまう気持ちもわかるな。

相続ソムリエ　**「自分の気持ちがうまく整理できていないから遺言書が書けない」**とい

う人がいますが、それは思い違いです。自分の気持ちはいったん脇に置いて、財産・債務をどう相続させるかに意識を向ければ、決断は難しくないでしょう。

もちろん、付言事項として遺書的な内容を盛り込むこともできますが、遺言書自体は財産・債務に限定したものだと考えてみてください。

年に1度は遺言書の内容を見直す

桜　さすがに毎日遺言書を書き直す人はなかなかいないと思うけど。ソムリエさんとしてはどのくらいの頻度でアップデートするのがおすすめですか？

相続ソムリエ　そうですね。**遺言書を書いたら、最低でも1年に1度は内容を見直すと**

いいでしょう。

綾子　年末やお盆、自分の誕生日とか、タイミングを決めて毎年のルーティンにすると良さそうですね。

小百合　毎年見直して、親族にもそのことを伝える、という流れでよろしいですか？

相続ソムリエ　はい。常に遺言書の内容をオープンにしておくことをおすすめしたいですね。遺言書を準備してもらえることは、相続人にとって感謝すべきことです。相続人たちが揉めないようにという配慮から書いてくれたわけですからね。遺言書はいわば、相続人たちへのエールでもあるといえるでしょう。

綾子　たしかに、ありがたいことですね。

相続ソムリエ　遺言書を書くときには、納税資金のこともしっかり考えているのが一般的です。被相続人は、納税資金をつくるためにあらかじめ生命保険に加入するなど、さまざまな考慮をしてくれているはずですよ。特定の相続

人に有利な遺言書でない限りは、相続人に遺言書の存在を伝えておくといいでしょう。

桜

でも、「遺言書を書いたからね」と言いにくい気持ちも、なんだかわかる気がします。

相続ソムリエ

そうですね。日本人は死についてネガティブに考える傾向にあるので、相続の話題にも触れにくく感じ、つい後回しにしてしまうのでしょう。

でも、そうして**後回しにした挙句、もしものことがあると、将来の揉めごとにつながってしまいます**。そのことをしっかりと認識して、相続を前向きに考えるようにマインドセットを変える必要があると思いますよ。

遺言書が揉めごとを引き起こすこともある

綾子

遺言書を書いておくことで、相続人同士のトラブルを避けられるということでしたね。逆に、遺言書が原因で揉めごとに発展することはないのでしょうか。

相続ソムリエ

綾子さん、いい質問です。実はそういうケースもあるんですよ。

遺言書では、被相続人が、誰にどの財産を残すかを生前に決めることができます。たとえば、相続人がAさん、Bさん、Cさんの3人で、AさんとBさんは現金と不動産を相続し、Cさんは不動産だけだったとしましょう。現金があまり多くなかったので、Cさんには現金を残す代わりに大きい不動産を残そうと考えたのです。

この場合、Cさんは現金を相続しませんが、不動産を相続するために、自分の資金から相続税を支払う必要があります。預貯金に余裕があればいいのですが、不動産の相続税はかなりの高額になることもありますから、資金繰りに困ってしまうかもしれません。納税資金を準備できずに10カ月以内に申告・納税を済ますことができなければ年7・3％の延滞税もかかります。そうなると、Cさんが「AさんとBさんがうらやましい」と言い、揉めごとに発展する可能性があります。

潤一郎

なんてことだ。被相続人にしてみれば、子どもたちが揉めないように遺言書を書いたつもりだろうに……。**自分の心遣いによって争いが生まれるなんて**。

相続ソムリエ

悲しいですよね。必ずしも遺言書通りに遺産分割する必要はないのですが、忙しい相続人同士で話し合って、短期間のうちに意思決定するのは簡単なことではありませんから……。相続人のことを思うなら、やっぱり、遺言書を書く段階でプロに相談することをおすすめしたいですね。

潤一郎　なるほど。他にも工夫できることはありますか？

相続ソムリエ　相続で揉めそうなときは、**遺言書で、相続人のうちの1人を遺言執行者に指定しておく**のも効果的ですね。そうすれば、全員の同意がなかったとしても、土地の名義変更ができますし、預金を引き出すこともできますよ。

春樹　遺言書には遺言執行者を記載する必要があるというお話だったね。もし遺言執行者の指名を忘れてしまったらどうなるんですか？

相続ソムリエ　遺言書に遺言執行者の記載がない場合には、全員の同意がないと相続財産を動かすことができません。トラブルに発展しかねないため、**必ず遺言執行者を指名しておきましょう**。

年間110万円までの贈与は非課税になる

相続ソムリエ　さて、次は贈与についてお話ししていきましょうか。みなさん、「生前、子どもにお金を贈与しておくと相続税対策になる」という話を聞いたことはありませんか？

小百合　聞いたことがあるわね。

潤一郎　詳しいことはわからないが、私もなんとなく知っている。

相続ソムリエ　基本的に、財産の贈与を受けた際には、税務署に贈与税を納付する必要があります。ただし、「暦年贈与」を活用すれば、贈与税が発生しないんですよ。

桜　どういうこと？　詳しく知りたいです！　私も何かもらえるのかな……。

相続ソムリエ　**暦年贈与とは、毎年110万円までなら贈与しても非課税になるという制度**なんです。

潤一郎　たしか、教育費の贈与に関する制度もあったような……。

相続ソムリエ　潤一郎さん、よくご存じですね。暦年贈与とは別に、2013年から**「教育資金の一括贈与」**という制度がスタートしました。これは、**教育費として1500万円までの金額を子どもや孫に贈与した場合、贈与税が課税されないという特別な税制措置**です。

非課税となるのは**親や祖父母から子ども、孫に対する教育資金目的の贈与で、資金を受け取る子ども・孫の年齢は30歳未満**に限られています。

受け取った子ども・孫は入学金や授業料、塾や習いごとの費用としてそのお金を使えます。ただし30歳までに教育資金として使われなかった場合には、残金に対して贈与税が課税されます。または、贈与者が、受贈者が30歳になる前に死亡した場合には、管理残額は相続財産に加算されます。

綾子 条件は他にもありますか？

相続ソムリエ この制度を利用するためには、銀行に専用口座を作って最大１５００万円の預け入れをする必要があります。口座を管理する銀行は領収書などにより使用目的を精査した上で、教育目的の支出と判断できれば、預けられたお金の払い出しを行います。

春樹 暦年贈与との併用はできるんでしょうか？

相続ソムリエ **併用可能**です。たとえばですが……祖父母からお孫さん、つまり潤一郎さんから桜さんにこの制度を利用して贈与すれば、一度相続税を「飛ばせる」んです。

潤一郎 飛ばせる？

相続ソムリエ はい。通常、祖父母から孫に相続財産が渡る際には、親、つまり祖父母の子の相続が発生するため、相続税が2回課税されますよね。ところが祖父母から孫に生前贈与を行うと、両親の段階を「飛ばして」財産を移せるんです。

春樹　相続税を少なく抑えられるということですね。正直、用途が教育資金に限られているのも大きなメリットかと……。

綾子　桜が飲み会なんかに使っちゃうより、ずっといいものね。

桜　ふーん。私のこと、信用してないのね。

相続ソムリエ　さ、さて、暦年贈与の解説に戻りましょうか。

春樹　そうしましょう、そうしましょう。毎年110万円なら贈与しても非課税になる制度でしたね。

相続ソムリエ　その通りです。たとえば、**110万円ずつを2人の子どもに10年間贈与し続けたら、2200万円分を相続財産から減らせるため、節税につながる**んです。

小百合　それは大きいわね……。たとえば、潤一郎さんから110万円、春樹から110万円を同じ年に、桜ちゃんに贈与することはできるのかしら？

相続ソムリエ　いえ、残念ながらそれはできないのです。祖父から110万円、父親から110万円の贈与を受けると、合計で220万円です。**110万円の**

枠を利用できるのは受け取る側ですから、１１０万円オーバーとなり、その分については贈与税が課税されます。

春樹　なるほど。桜から見て、毎年１１０万円までなんですね。

桜　１１０万円の贈与を受けたとして、何か記録などを残しておく必要はありますか？　口約束だけだと、問題がありそう……。

相続ソムリエ　**贈与契約書を作成して、お金を渡す人と受け取る人が署名捺印する**のがいいでしょう。口約束でもかまわないのですが、被相続人が亡くなった後に他の相続人から「贈与ではなく貸し付けだったのでは？」と疑われたり、税務署から「名義預金（被相続人が、配偶者や子、孫の名義で財産を残している預金）では？」と疑念を持たれたりする可能性があります。贈与契約書を作っておけば、そうしたトラブルを防げるはずです。

また、もう一つ注意してほしいのが、**毎年きっちり１１０万円ずつ贈与していると、課税逃れを目的とする贈与（連年贈与）とみなされて、贈与税を課税されるケースがある**ということです。

桜　な、なんてこと。110万円までならOKというルールなのに！

相続ソムリエ　課税されないようにするには、ときどき贈与額を変えるのがおすすめです。数年に一回、110万円を少し超える金額を贈与して、その分の税金を払っておくんです。たとえば120万円の贈与なら10万円が課税対象額となりますが、たった1万円の課税で済みます。

桜　1万円を払っても、119万円が残るならいいですね。

相続ソムリエ　もう一つだけ注意点をお伝えしましょう。**相続開始前3年以内に贈与した分は、相続財産に課税される**ということです。

潤一郎　それはつまり……健康状態が思わしくないからといって、慌てて贈与するのはダメということか。

相続ソムリエ　言いにくいですが、そういうことです。**贈与に限らずですが、相続税対策はできる限り早期から始めることをおすすめしたい**ですね。

贈与税の税率

一般的な贈与の場合

基礎控除後の課税価格	税率	控除額
200万円以下	10%	-
300万円以下	15%	10万円
400万円以下	20%	25万円
600万円以下	30%	65万円
1,000万円以下	40%	125万円
1,500万円以下	45%	175万円
3,000万円以下	50%	250万円
3,000万円超	55%	400万円

特例贈与の場合

祖父母から孫への贈与、父母から子への贈与など

基礎控除後の課税価格	税率	控除額
200万円以下	10%	-
400万円以下	15%	10万円
600万円以下	20%	30万円
1,000万円以下	30%	90万円
1,500万円以下	40%	190万円
3,000万円以下	45%	265万円
4,500万円以下	50%	415万円
4,500万円超	55%	640万円

※受贈者は18歳以上
出典：国税庁

生前贈与は子どもの健全な成長を妨げる？

小百合　そういえば、ちょっと思い出したんだけど……知人が大学生のお孫さんに生前贈与をしたら、お孫さんが就職活動を辞めてしまったという話を聞いたことがあるわ。いくら節税できると言っても、子どもの幸せのことを思うと、ちょっと考えちゃうわよね。

相続ソムリエ　贈与のタイミングによっては、教育上よろしくないケースもありますね。祖父母や両親のお金を当てにして、働く意欲を失ってしまうんです。これまで私がお会いした方の中には、「多額の贈与は子・孫の人生を狂わせかねないから」と、あえて生前贈与をしない方もいらっしゃいましたよ。

潤一郎　そうした懸念を払拭するために、何かいい手立てはないのか？

相続ソムリエ **子どもに贈与したうえで、その資金を利用して生命保険に加入する方法**があります。

たとえば、子どもが契約者、親が被保険者として、生命保険に加入します。保険料は、年間３００万円を親から子どもへ贈与して支払います。

こうしておけば、贈与した資金の使い道が決まっているので、無駄遣いする心配はありません。贈与税が年間19万円かかりますが、相続財産が減りますので、将来の相続税を減らす効果があります。

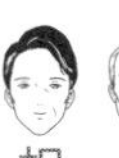

潤一郎 その手があったか！

相続ソムリエ 親が被保険者になり、子どもが契約者として贈与を受けた資金で終身保険に加入すると、受け取った保険金は一時所得となります。一時所得は、収入金額から経費と50万の特別控除を差し引いた上で2分の1が課税対象です。計算式にすると次のようになります。

一時所得の課税所得金額の計算式
（収入金額－経費－特別控除額）×2分の1＝一時所得の課税所得金額

たとえば、死亡保険金1000万円の終身保険に800万円の保険料を支払って加入した場合、課税対象となるのは（1000万円－800万円－50万円）×2分の1で75万円ですから、ほとんど所得税はかかりません。

春樹　なるほど。この方法にはデメリットはないんですか？

相続ソムリエ　今のところ、デメリットはありません。親が亡くなったとき、子どもは死亡保険金を受け取れますので、その資金を相続税の納税資金に充てられます。**相続税を節税しつつ、納税資金を用意し、さらには子どもが贈与されたお金を当てにして働く意欲を失う恐れもない方法**です。受け取った死亡保険金は葬式費用に利用することもできますよ。

綾子　私は初めて知ったけど、有名な相続税対策なのかしら？

死亡保険金の課税関係

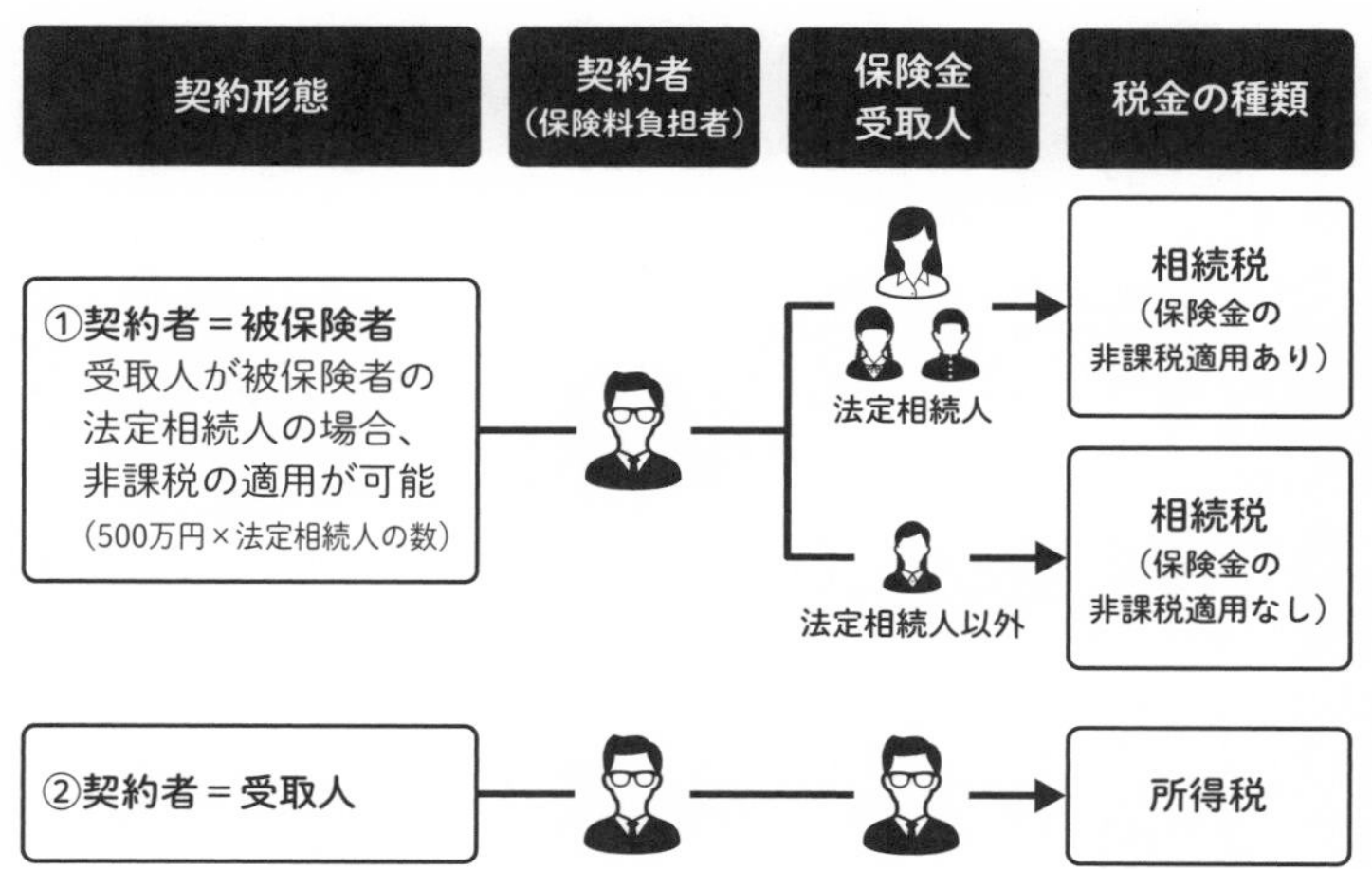
契約形態
契約者（保険料負担者）
保険金受取人
税金の種類
①契約者＝被保険者
受取人が被保険者の法定相続人の場合、非課税の適用が可能
（500万円×法定相続人の数）
法定相続人
相続税（保険金の非課税適用あり）
法定相続人以外
相続税（保険金の非課税適用なし）
②契約者＝受取人
所得税

相続ソムリエ

いえ。今のところ、活用している人はほとんどいません。そもそも終身保険を活用する前段階の贈与さえしている人が少ないので、無理もないでしょう。終身保険への加入は相続プラスアルファの対策として、ぜひご検討いただければと思います。

子どもの健全な成長を妨げない贈与の例

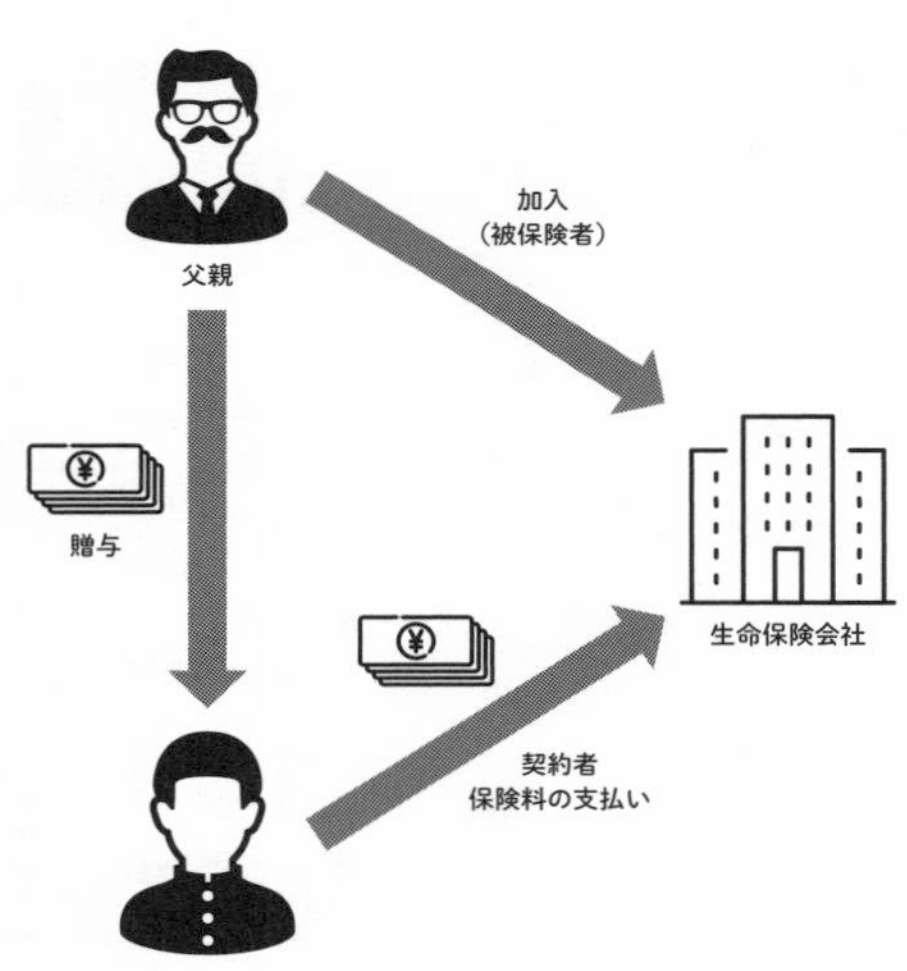

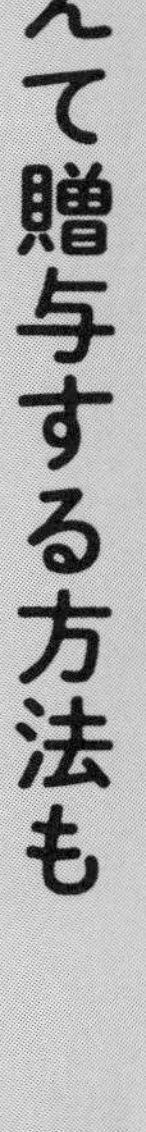

非課税の範囲を超えてあえて贈与する方法も

相続ソムリエ　ここで贈与について、もう少し詳しく紹介しておきましょう。前述のように年間110万円以下の贈与は贈与税がかかりませんので、毎年その範囲で贈与をしながら、子ども世代に資産を移転していく人もいます。
ただ、**贈与税を支払ってでも110万円を超える贈与をしたほうが有利な場合もあります。**

潤一郎　それは気になるな。どういうケースかな？

相続ソムリエ　相続財産を洗い出して、相続が発生した際にどのくらいの相続税がかかるか試算すれば、適用される相続税の税率がわかります。仮に税率が30％であれば、相続の際には30％分の税金を納めることになります。であれば、**生前に30%よりも低い税率で贈与できる範囲に限って、まとまった金額を贈与しておいたほうが有利**といえます。たとえば310万円の贈与をした場合、110万円を差し引いた200万円に対して10%＝20万円の税金がかかります。310万円を20万円の税負担で贈与できるので、20万円÷310万円で実質的な税率負担は約6・5%です。110万円の枠を超えて310万円の贈与をしたとしても、相続で受け取るよりも有利なのです。

小百合　そんな方法もあるのね！　相続全体を見通して判断する必要があるわね。

相続ソムリエ　おっしゃる通りです。やはり、相続財産を棚卸しして相続税の額をシミュレーションしてみることが重要なのです。ソムリエはその日のメニューを見て、最後にどんな味わいが残るかを見通して最適なワインを選びますが、それと同じです。相続でもゴールを見通した上で最適な対策をプランニングするのが重要になるのです。**最終的に何が有利か、相続財産や相続人の人数に応じて考えていきましょう。**

生前贈与の活用方法

※相続税率30%の場合

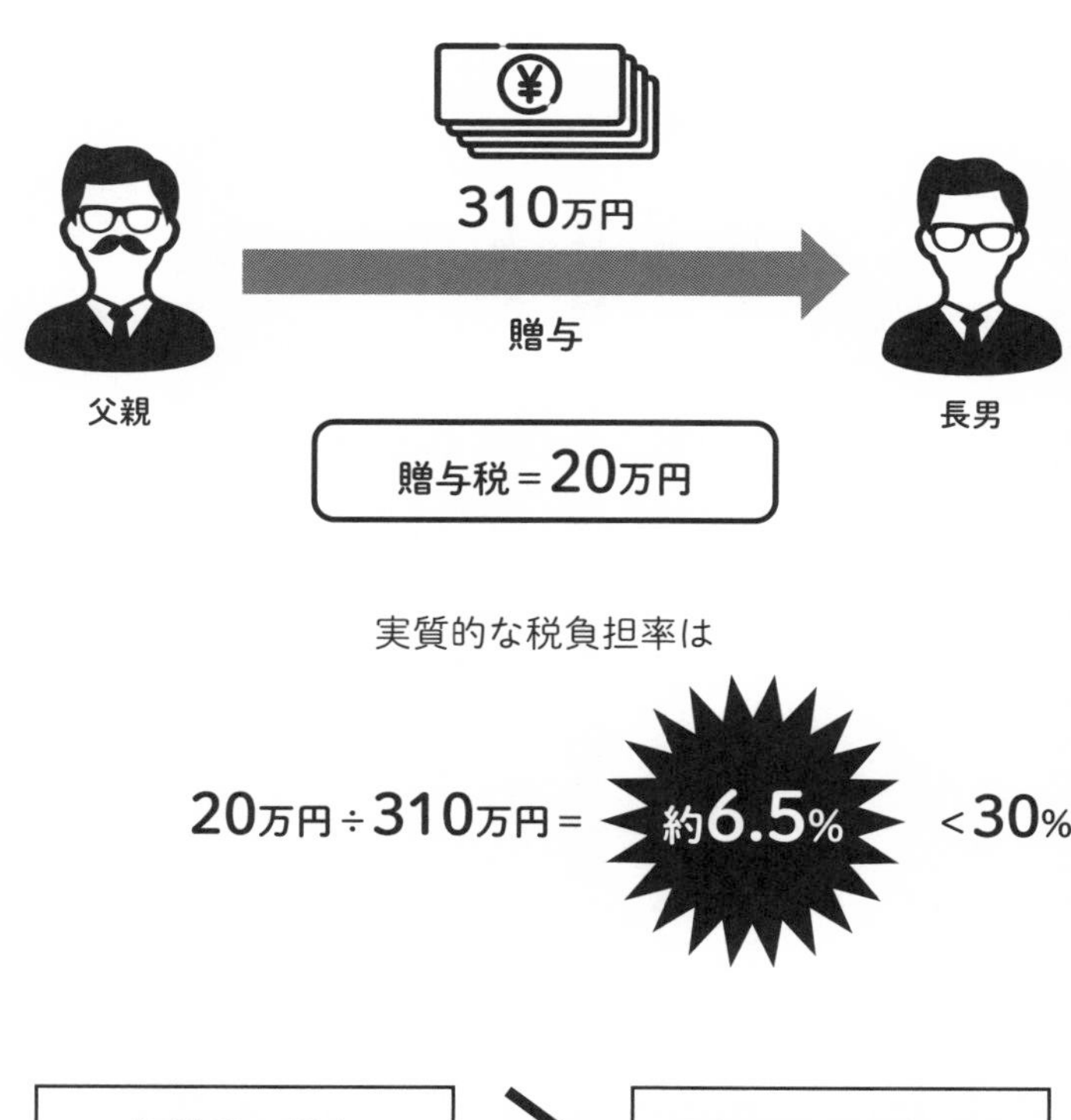

相続税の税率 ＞ 贈与税の実質負担率

贈与税の実質負担率が相続税の税率よりも低くなる範囲で生前贈与をすれば節税効果がある

価値の上がる資産は、相続時精算課税制度による贈与が有利

相続ソムリエ

さらに詳しいお話に入っていきましょうか。贈与税の課税方法には、暦年課税と相続時精算課税の2つがあります。

暦年課税は1年ごとに贈与税を計算していく方法で、年間110万円までの贈与は非課税です。**相続時精算課税は、生涯で2500万円までの贈与は、贈与税を支払う必要がなく、2500万円を超えた分には20%の贈与税が課税されるというものです**。ただし、相続が発生した際には、相続時精算課税適用財産についてはすべて相続財産に加算して、相続税を計算します。なお、令和5年度の税制改正で、相続時精算課税制度に年間110万円の基礎控除が創設されました。

桜　相続が発生した際には、相続時精算課税適用財産についてはすべて相続財産に加算して、相続税を計算する……？　どういうこと？　結局最終的には、税金を支払うということですよね？　あまり意味がないように思っちゃうけど。

相続ソムリエ　桜さん、鋭い指摘です。相続人が4人いるケースで考えてみましょうか。相続人が4人いる場合、基礎控除は「3000万円＋（600万円×4人）」で5400万円なので、相続財産がこの範囲内であれば相続税はかかりません。**財産が相続税のかからない範囲であると見込まれるケースでは、相続時精算課税制度を利用して生前に贈与すると、贈与税も相続税もかからず、財産の早期移転が可能になるのです。**

桜　なるほど！　財産が相続税のかからない範囲である人に適した制度なんですね。

相続ソムリエ　その通り。そのほか、**財産の価値が今後上昇すると見込まれる場合も相続時精算課税制度は有効です。**

潤一郎

たとえば、被相続人が会社経営者の場合を考えてみましょう。コロナ禍のときには、業績が落ち込んでいたケースも多いと思います。業績が悪ければ株式の評価額も下がります。そのタイミングで子どもに株式を贈与すると、低い評価額で移転することが可能なんです。

相続時精算課税制度を利用して株式を贈与した場合も、2500万円までは贈与税がかかりません。代わりに相続が発生した際には、贈与した分も相続財産に上乗せされます。

ただ、その価値は**贈与の時点で評価されます**。以前は3000万円程度で推移していた株価がコロナ禍で2000万円に下がったとします。この時点で子どもに贈与すると、相続財産に加算されるのは2000万円です。相続時に3000万円に戻っていたとしても2000万円は変わりません。株価が上昇した分は有利に相続できたことになります。

なるほど。**将来、価値が上がる可能性が高い財産は、相続時精算課税制度を利用して贈与をすると有利**なのか。

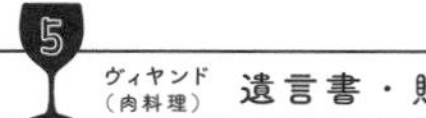

小百合　不動産の相続にも良さそうね。

相続ソムリエ　潤一郎さん、小百合さん、その通りです！
たとえば、駅前の土地を保有していたとします。再開発によって地価が上がることが予想できるのであれば、相続時精算課税制度を使っておくといいでしょう。

綾子　相続時精算課税制度を選んだけど、思ったように価値が上がらなかったから暦年課税に戻したい、ということは可能なんでしょうか？

相続ソムリエ　いいえ。**一度相続時精算課税を選択すると、暦年課税には戻せません。**特定贈与者ごと２５００万円を超えた分の贈与は、年間１１０万円の非課税枠もありません。１１０万円の贈与でも20％の贈与税がかかるので、22万円の贈与税を支払うことになります。
一方で、贈与する人と贈与を受ける人の組み合わせが変われば、暦年課税を利用することも可能です。たとえば、父親と息子が相続時精算課税制度を利用している場合でも、母親から息子への贈与が相続時精算課税制度を適用していない場合は、その贈与は１１０万円の非課税枠が利用できるのです。

春樹　うーん、難しいな。

相続ソムリエ　トータルで見て判断いたしますので、お任せください。

相続時精算課税制度と暦年課税

	相続時精算課税	通常の暦年課税
贈与者の要件	60歳以上※1の両親 または祖父母	なし （誰からでも可）
受贈者の要件	18歳以上※1	なし （誰からでも可）
控除額 （課税されない額）	贈与者ごとに 累計2,500万円※2	受贈者あたり 毎年110万円
控除額以下の手続	要 （届出書＋申告書）	不要
控除額超の贈与税	一律20%	超過累進税率
相続税の課税対象	すべて相続税の対象 （贈与時の価額）	相続前3年以内限定 （贈与時の価額）

※1　贈与の年1月1日で判断
※2　基礎控除については下図参照

令和5年度税制改正で「基礎控除」が創設

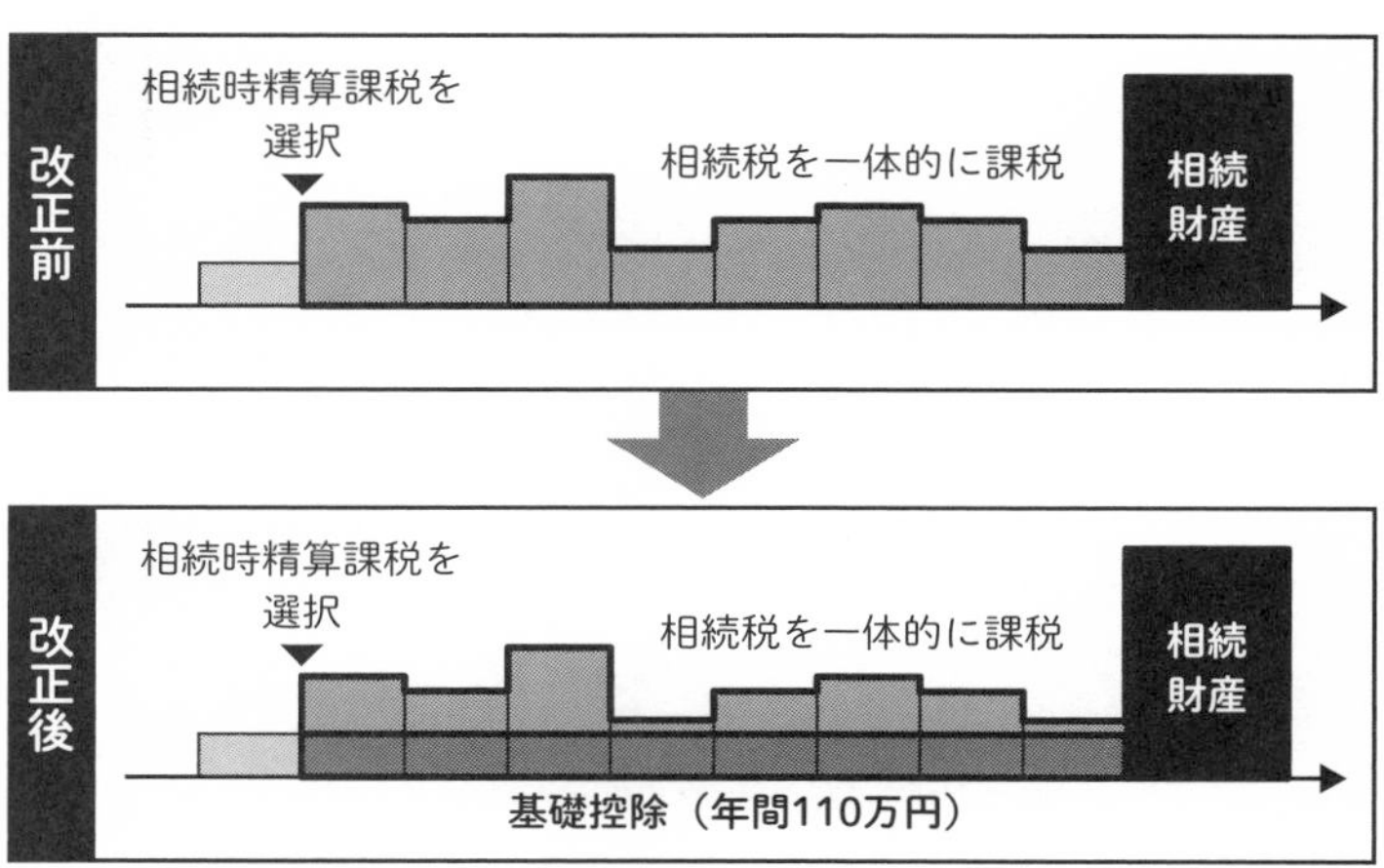

自宅の2000万円贈与が有利とは限らない

綾子　そういえば、婚姻期間が長い夫婦には「自宅の2000万円贈与」という制度があると聞いたことがあるんですが……詳しく教えていただけませんか？

相続ソムリエ　綾子さん、よくご存じですね。おっしゃる通り、**20年以上連れ添った夫婦だけが使える、贈与税の配偶者控除**があります。これは、婚姻期間20年以上の夫婦であれば、既にある自宅の権利を2000万円分贈与するか、これから購入する自宅の購入資金2000万円を贈与しても贈与税が課税されないという制度です。

春樹　なんだか、お得そうだね。

相続ソムリエ

贈与税の配偶者控除を適用した住宅は、その控除を受けた持分までは配偶者のものなので、相続財産から除かれます。よって、贈与税のかからない範囲の贈与であれば有利ですし、贈与をすることで相続税の申告書を提出しなくて済む場合などには手間が省けるでしょう。

夫婦で同居している場合、一般的には夫が亡くなった後、妻は自宅に住み続けます。妻が自宅を取得する場合は、夫婦が居住していただけで小規模宅地に該当するため、自宅の土地の評価には小規模宅地等の特例が利用できます。

たとえば、自宅の土地の評価額が3000万円で、夫の生前に居住用不動産等を妻に贈与したケースで考えてみましょう。「居住用不動産等の2000万円贈与」の制度を利用すれば、2000万円分には贈与税がかかりません。ただし、残りの1000万円分には贈与税がかかります。

一方、贈与をしなかった場合はどうでしょうか。相続が発生した際に、3000万円の土地には小規模宅地等の特例が適用できますから、80％

（2400万円）が減額され、相続税評価額は600万円となります。さて、贈与で1000万円に課税されるのと、相続で600万円に課税されるのと、どちらが有利ですか？

桜　もちろん後者ですよね。

相続ソムリエ　その通りです。さらに、相続の場合は配偶者の税額軽減が利用できますので、相続財産の1億6000万円までは無税です。このことからも、自宅の土地は相続で受け取ったほうが有利だということがわかるでしょう。

春樹　あまり詳しくないのですが、その際、不動産取得税はかからないんですか？

相続ソムリエ　夫から妻へ贈与すると不動産取得税がかかりますが、相続ではかかりません。ですから自宅の配偶者への贈与はあまりおすすめできないのです。

小百合　なるほど。**よさそうな制度だからといって、正しい知識がないまま飛びついちゃダメ**ね。

第5章のポイント

●遺言書は3種類ある

遺言書には、全文を自筆で書く「自筆証書遺言」、専門家が作成・保管してくれる「公正証書遺言」、遺言書の存在を証明した上で、その内容は秘密にしておける「秘密証書遺言」の3種類がある。

●遺言書を書く前に親族で話し合いを

遺言書を書く際には、各相続人の希望を聞くことも重要。相続の際の遺産分割は、相続人の将来の生き方にも関わってくるため、「相続人にこれからどんな生活を送ってほしいか」を最優先で考えることが、残された親族の幸せにつながる。

●年間110万円までの贈与は非課税

贈与には「暦年贈与」という制度がある。毎年110万円までであれば、贈与しても非課税になる。暦年贈与を活用して、効率的な財産の移転を。

●2500万円までの贈与は非課税

「相続時精算課税」は、生涯で2500万円までの贈与は、贈与税を支払う必要がなく、2500万円を超えた分には20%の贈与税が課税されるという制度。将来、価値が上がる可能性が高い財産の贈与をする際に有効な制度である。

6

デセール
（デザート）

幸せな相続を実現するために

フレンチのコース料理の最後は、
デセール（デザート）が供されます。
第6章では、本書のまとめとして、
幸せな相続を実現するための考え方についてお話ししていきましょう

パッ…
あら！急に電気が消えたわ何かしら？
最後にデセールをお持ちしました
おばあちゃんおめでとう！
さあロウソクを消して！
バースデーケーキなんていつぶりかしら
みんな
そして相続ソムリエさんありがとう
歳の数だけロウソクをさそうと思ったが
やめておいたぞ
お義父さんったら！
パチパチ
本日は楽しいディナーのお手伝いができてたいへん光栄です
コースはこちらのデセールで結びとなります
小百合さんがこれからも元気に幸せに過ごされることを願いながら最後に
「幸せな相続」を実践するための心がまえをお話しいたしましょう
大切な家族への相続を成功させるためにはいったい何をどうすればいいのかな
あらためてお聞かせいただこうじゃないか

財産の評価額は毎年変化する

相続ソムリエ　覚えておいていただきたいのは、**財産の相続税評価額は毎年変わる**ということです。土地であれば年に1度、路線価が発表されて、それに合わせて相続税評価額が変わりますし、経営者であれば業績によって会社の株価は変わります。

潤一郎　なるほど。意外と忘れがちなポイントかもしれない。

小百合　**一度相続の準備をしたからといって、それで終わりではない**のね。

相続ソムリエ　小百合さんのおっしゃる通りです。ですから、**1年に1回は、相続について考える機会を持ってください**。被相続人になる方だけでなく、相続人も含めて、1年に1回は相続について話し合う習慣をつけるといいでしょう。

そのタイミングで、財産の評価をし直して、必要があれば贈与するなどの対策も講じます。家族が集まった場でそんな話をすれば、相続人同士で疑心暗鬼になり、家族の仲がぎくしゃくしてしまうようなこともありません。

潤一郎

被相続人と相続人が同じ熱量で相続に向き合うことが大切なんだな。

お盆やお正月に集まる家族は相続で揉めない

相続ソムリエ

今まで相続ソムリエとしてたくさんのご家族を見てきた中で、気づいたことがあります。それは**「相続で揉めない家族の共通点は、お盆やお正月に集まってコミュニケーションを取っていること」**です。

綾子　なんとなく、理由が想像できるわね。

相続ソムリエ　ご想像の通りだと思います。お互いのことを大切に思っていて、密なコミュニケーションが習慣化しているからですね。密にコミュニケーションを取っていなければ、被相続人にあたる方に相続の話題を持ち出すなんて、とてもできないでしょう。

顔を合わせる機会が多ければ多いほど、自然と被相続人にあたる方の考えを聞く機会も多くなるものです。現預金をどう残したいのか、不動産は誰に相続してほしいのか、どんな相続対策をしているのか……そうした情報共有ができるので、相続人も心がまえができますし、知らない間に状況が変わっているなんてことも起こり得ません。

春樹　コミュニケーションの量と質が確保できていると、被相続人・相続人・その家族の誰もが安心感を持って過ごせるだろうね。

相続ソムリエ　定期的に家族会議などを開いているご家族では、何の問題もなくスムーズに申告・納税まで到達できることが多いものです。

桜　家族会議……！　どんなことを話すんだろう？

相続ソムリエ　家族会議というと堅苦しく感じてしまうかもしれませんが、家族と顔を突き合わせてコミュニケーションを取る機会と考えて、気軽に集まるようにするといいでしょう。もちろん、相続の話だけする必要はありません。**お互いの近況や心配ごとなどをシェアし合い、「元気そうだな」と確認する機会をつくるのです。**

相続はいつか必ず発生する

相続ソムリエ　コミュニケーションを深めて、被相続人と相続人の気持ちを一つにする努力をしてください――と申し上げるのは簡単ですが、実際に相続対策を講じるのは難しい面もあります。親からしてみれば、自分が亡くなる

のは「まだ先のこと」と思っていることが多く、相続対策を考えてほしい子どもとは温度差があるからです。

小百合

それはそうよね。自分が死んだ後のことなんて、なかなか考えられないものだわ。

相続ソムリエ

お気持ちはよくわかります。**ただ一つだけ確かなのは、「相続は必ず発生する」ということです**。でも、それがいつ起こるかは誰にもわかりません。だからこそ、できるだけ早いタイミングから準備・対策しておく必要があるのです。

相続対策において「早すぎる」という言葉はありません。**早く相談すればするほど、対策の選択肢は増えます**。それが将来の円満相続につながるのです。すぐにでも、相続に強い税理士に相談することをおすすめします。

家族でディナーを楽しむとき、ソムリエにワインの相談をするように、税理士に相続の相談をして、あなたに合った相続対策をプランニングしてもらう。これが理想です。

相続では生き方を残して金メダル

相続ソムリエ

いずれ発生する相続について、被相続人がひとりで考えられるのは、相続対策全体の30％から50％程度です。相続人も含めて家族で話し合いをしなければ100％にはなりません。

相続は財産を残すと同時に思い出を残すことでもあります。**「財産を残して銅メダル、思い出を残して銀メダル、生き方を残して金メダル」**という言葉がありますが、私もまさにその通りだと思います。財産を残すのはそれほど難しいことではありません。相続人に希望を聞きながら、バランスを考えて分配すればいいのです。相続人には配偶者や子どももいますから、意向を踏まえて財産を残せば、相続人同士が揉めることはないでしょう。そのうえで、思い出や生き方を残す。そこまでできて、ようやく100点といえるでしょう。

小百合 ソムリエさんのおかげで、金メダルの相続を目指したいと思えました。

潤一郎 その通りだ。どうせなら金メダルをとりたいものだな。

相続ソムリエ 恐れ入ります。さてみなさま、本日はレストラン・エリタージュにお越しいただき、誠にありがとうございました。本日提供した相続スペシャルコースがみなさまの幸せな相続に役立てば幸いです。相続に悩めるお知り合いがいらっしゃったら、いつでもエリタージュをご紹介ください。相続ソムリエとして、必ずやその方にぴったり合った相続を実現するとお約束いたします。

おわりに

「財産を残して銅メダル、思い出を残して銀メダル、生き方を残して金メダル」――本書の最後の章で、相続ソムリエが語った言葉です。この言葉では「財産を残すこと」は最低限のことのように聞こえますが、実際のところ、多くの人はこれさえできていません。金メダルや銀メダルは夢のまた夢、銅メダルでさえ獲得できないまま、大切な家族を争わせて死んでいくことになるのです。

前著『「相続」のことがたった1時間でわかる本』を上梓してから、あっという間に7年近くが経ちました。本書の中で相続ソムリエも語っているように、相続にはさまざまな法律や制度が絡んでおり、一般の方が最新の事情を把握するのは困難です。プロとして、少しでも悲しい思いをする方々を減らしたい、少しでも幸せな相続のお手伝いをしたいという思いから、新しい書籍を執筆することに決めました。

幸せな相続を実現するためのカギは、被相続人が行う生前対策にあります。元気なうちに資産の棚卸しをし、頼れるパートナーに相談し、適切なアドバイスを受け、家族とコミュニケーションを取りながら準備をする。言われてみれば当たり前のことかもしれませんが、このことの重要性を理解し、アクションできる方は決して多くないのです。

本書によって、一人でも多くの方が正しい知識を手に入れて、大切な家族とともに幸せな相続に向かって歩き出してくださることを願ってやみません。

2023年11月吉日　相続ソムリエ　北井雄大

北井雄大（きたい・たけひろ）

税理士法人ティームズ代表社員税理士。1971年生まれ。大学在学中から簿記会計の勉強を始める。2004年に税理士登録（登録番号100186）。大手の資格試験専門学校での講師経験もあり、講師時代は丁寧でわかりやすい解説で受講生から高い評価を得た。2011年11月に税理士法人ティームズ設立。全国で税務相談や顧問契約、会社設立サポート、相続・不動産の相談などを行う。著書『「相続」のことがたった1時間でわかる本』（幻冬舎）がAmazon売れ筋ランキング第1位を獲得。

税理士法人ティームズHP

相続はディナーのように
“相続ソムリエ”がゼロから
やさしく教えてくれる優雅な生前対策の始め方

2023年11月28日　第1刷発行

著者　**北井雄大**

発行者　寺田俊治

発行所　**株式会社 日刊現代**
東京都中央区新川1-3-17　新川三幸ビル
郵便番号　104-8007
電話　03-5244-9620

発売所　**株式会社 講談社**
東京都文京区音羽2-12-21
郵便番号　112-8001
電話　03-5395-3606

印刷所／製本所　**中央精版印刷株式会社**

表紙・本文デザイン　林陽子（Sparrow Design）
編集協力　ブランクエスト

C0036

ISBN978-4-06-534287-9